Jean Mc
Isabelle d'Aspremont

Pedir perdón
sin humillación

Bonum

Título original en francés:*Demander pardon sans s 'humilier*
© 2004, NOVALIS, Saint Paul University, Ottawa.

Monbourquette, Jean
   Pedir perdón sin humillarse / Jean Monbourquette y Isabelle
D'Aspremont - 1a ed. - Buenos Aires : Bonum, 2006.
   144 p. ; 22x15 cm.

   ISBN 950-507-900-1

   1. Autoayuda. I. D'Aspremont, Isabelle II. Título
   CDD 158.1

Traducción: Valeria Castelló
Diagramación: Beton
Corrección: Lorena C. Klappenbach
Diseño de portada: DONAGH|MATULICH

© 2006 por Editorial Bonum
Av. Corrientes 6687 - C 1427 BPE
Buenos Aires - Argentina
Telefax: 4554-1414
e-mail: ventas@editorialbonum.com.ar
www.editorialbonum.com.ar

Impreso en Argentina
Es industria argentina

ISBN-10: 950-507-900-1
ISBN-13: 978-950-507-900-1

Introducción

Si usted ha ofendido, pida perdón;
Si lo han ofendido a usted, perdone.

PROVERBIO ETÍOPE

Un psicoanalista lleno de sabiduría nos confiaba: "Muchos de mis pacientes se encuentran ante un verdadero dilema cuando se han equivocado con alguien. No saben pedir perdón sin tener la impresión de rebajarse y humillarse." Según su opinión, el hecho de entrar en este procedimiento destruiría su dignidad. Es la cuestión que deseamos abordar en la presente obra.

Nuestro título, *Pedir perdón sin humillación*, tiene con qué detonar y también con qué desentonar. Mientras que hoy se pone el acento en la afirmación, la competencia y el dominio del otro, ¿pedir perdón no sería más bien una especie de masoquismo? ¿El pedido de perdón no contribuiría a alimentar ese sentimiento de culpa que la mayoría de los psicólogos califican de enfermedad del alma? La culpa no tiene buena prensa entre ellos y se comprende que algunos busquen eliminarla de su vida y de la de sus pacientes. Ven en ella una fuente de angustias inútiles. No es tan popular, pues, reconocer las propias faltas, arrepentirse de ellas, confesarlas y pedir perdón por ellas. Estas actitudes despertarían viejos temores vehiculizados antaño por ciertas corrientes religiosas de las que se creían liberados.

¿Pero qué ocurriría si el sentimiento de culpa resultara ser, en muchos casos, absolutamente sano y benéfico? ¿Una culpa sana seguida por un pedido de perdón constituiría, como lo pretenden muchos, una fuente de angustia y de sufrimiento del alma o, por el contrario, representa una fuente de liberación psicológica y espiritual? He aquí justamente la pregunta que se plantea en esta obra: ¿cómo gestionar una culpa sana y pedir perdón con dignidad sin creerse por ello disminuido y humillado?

En el curso de nuestras investigaciones, nos ha impresionado la escasez de escritos sobre el tema. Mientras que existe una abundante literatura sobre el arte de *perdonar al otro*, apenas hemos encontrado dos monografías norteamericanas sobre el arte de pedir perdón: *Mea culpa*, de Nicholas Tavuchis, y *The Power of Apology*, de Beverly Engel. Sorprendente, pues los pedidos de perdón privados y colectivos se multiplican como si una nueva conciencia moral se hubiera despertado en el mundo.

En el acto de perdonar nos colocamos del lado del *ofendido*, mientras que en el pedido de perdón nos colocamos del lado del *ofensor*. Varias obras sobre el perdón alimentan la confusión mezclando estos dos procedimientos. Perdonar es el gesto del ofendido que busca curarse de las heridas sufridas, romper el ciclo infernal de la venganza y reconciliarse finalmente con el ofensor. Por el contrario, el pedido de perdón es una iniciativa del ofensor que apunta a restablecer la armonía y la paz en el ofendido, lo cual se realiza gracias a un pedido de perdón. Distinguimos estos dos procedimientos bien específicos con el fin de disipar el embrollo de un pensamiento indeciso y sin rigor sobre el tema.

Para evitar que el lector confunda el procedimiento del perdón y el del pedido de perdón, no volveremos sobre la dinámica del perdón.

La intención de *Pedir perdón sin humillación* es completar la doble dinámica del perdón: perdonar y pedir perdón. En este libro encontrarán a la vez exposiciones teóricas y ejercicios prácticos que les permitirán atravesar más fácilmente las diversas etapas de ambos procesos: perdonar y pedir perdón.

Pedir perdón sin humillación resultará ser, según nuestro parecer, un procedimiento menos pesado, más rápido y al fin de cuentas más generoso que el de perdonar. Solicitar un perdón del ofendido es signo de transparencia y de autenticidad por parte del ofensor, libera al ofensor de su sentimiento de culpa y al ofendido de su herida y de su resentimiento. Un adagio muy conocido y lleno de sabiduría declara en efecto que "falta confesada está medio perdonada".

PRIMERA PARTE

NOCIONES GENERALES SOBRE EL PEDIDO DE PERDÓN INDIVIDUAL

I

La importancia de pedir perdón

Al final del segundo milenio y a principios del tercero, el pedido de perdón se generaliza cada vez más en todos los niveles de la sociedad. Jefes de Estado como Willy Brandt, políticos como Bill Clinton, responsables de comunidad como Jean Vanier, dirigentes religiosos tales como el fallecido papa Juan Pablo II, periodistas del *New York Times* y del *Washington Post*, estrellas como Coluche y varios individuos piden perdón públicamente a personas y a grupos. Hasta pareciera que se acaba de activar un inmenso movimiento de pedido de perdón. ¡Es un gran avance para la humanidad!

Asombroso fenómeno, aun la justicia, por más austera y sujeta al rigor que pareciera ser, recomienda en los casos de ciertos crímenes que el criminal pida perdón a su víctima para ser disculpado. Se asiste a una evolución de la justicia penal que se convierte cada vez más en una "justicia reparadora" y se vuelve más humana.

La importancia del pedido de perdón para mejorar las relaciones humanas

En general, pedir perdón modifica profundamente las relaciones humanas y elimina la causa de los conflictos. Si el ofensor no toma la iniciativa de solicitar el perdón por su falta, la búsqueda del perdón le resultará cada vez más difícil de realizar. En efecto, el ofendido sigue padeciendo los contragolpes de la ofensa y, sobre todo, sufre fuertes malestares psicológicos y espirituales.

Veamos brevemente cuáles son los efectos benéficos del pedido de perdón.

– El efecto liberador del pedido de perdón

El reconocimiento de su falta seguido por el pedido de perdón tiene repercusiones terapéuticas tanto en el plano físico como en el emocional y espiritual. La apertura practicada por el ofensor reduce en gran medida el estrés ocasionado en él por su secreto demasiado bien guardado o por la negativa a reconocer su culpa. Es sabido hasta qué punto un estrés que se alimenta debilita el sistema inmunitario y expone al sujeto a contraer toda clase de malestares neurovegetativos.

En un curso de psicología, un profesor pidió a sus estudiantes que recordaran una falta que hubiesen mantenido en secreto en su corazón y que tomaran la firme resolución de no revelarla jamás. Al mismo tiempo, les ordenó que tomaran conciencia de las tensiones que les repercutían en el cuerpo. El hecho de conservar una falta secreta les requirió mucha energía y terminó por agotarlos.

– El pedido de perdón mejora
la calidad de las relaciones conyugales y familiares

Las parejas preocupadas por mantener una relación sana y duradera sacarán provecho de los mutuos pedidos de perdón. Borrarán así las frustraciones y los resentimientos acumulados con el correr de los días y de los años. A menudo, descubrirán que su falta de comunicación, su distancia afectiva y aun sus sentimientos hostiles provienen de una necesidad reprimida pero imperiosa de expresarse, de perdonarse y de reconciliarse.

En la actualidad, existe en las terapias conyugales y familiares un movimiento de resultados muy prometedores. Dicha terapia consiste en proporcionar a los esposos o a los miembros de una familia la ocasión de compartir sus sufrimientos personales y de pedirse perdón mutuamente. Algunos podrían inclinarse a creer que sólo las familias y las parejas particularmente religiosas gozan del efecto benéfico de tal terapia del perdón. Ahora bien, cosa extraña, ésta ha dado buenos resultados entre personas sin práctica religiosa o agnósticas.[1]

Los padres exigen a menudo de sus hijos que pidan perdón por sus groserías o por sus faltas de cortesía para con ellos, como también por sus peleas infantiles. Pero son raros los pedidos de perdón dirigidos a los niños por parte de los padres. Sin embargo, los manuales pedagógicos aconsejan a los padres que tengan la humildad suficiente para hacer un *mea culpa* a sus hijos por su impaciencia, su abuso de severidad o por su permisividad, sus injusticias, su falta o su exceso de disciplina, etcétera. Al hacerlo, adquieren el respeto de parte de sus hijos a la vez que les dan el ejemplo de pedir perdón.

Por haber padecido durante su infancia malos tratos físicos y sobre todo psicológicos, hay adultos que han rechazado a sus padres. Los castigos infligidos por sus padres tienen diversas

---

1. Para darse cuenta mejor del lugar del perdón en la terapia de pareja y de familia, los remitimos a un artículo de Jean Monbourquette: "Procesos terapéuticos y procedimiento del perdón" (*Sciences pastorales*, otoño de 1994, p. 25-54).

causas y naturaleza: alcoholismo, consumo de drogas, dureza educativa, ausencias repetidas del padre o de la madre, permisividad equivalente a la cobardía, celos disfrazados, etcétera. Para reconciliarse con sus padres, estos niños-adultos necesitarían con urgencia ver que sus padres reconocen sus errores pasados y les piden perdón por ellos.

En la introducción de su obra *The Power of Apology*[2], Beverly Engel relata cómo se liberó de su sentimiento de culpa cuando su madre reconoció que la había rebajado y humillado constantemente. De niña, ella creía que su madre tenía razón al maltratarla así. A partir del pedido de perdón que le hizo su madre, Beverly Engel comprendió que ella no era ni responsable ni culpable de los manejos de su madre ni la causa de los problemas familiares.

Por el contrario, la falta de pedido de perdón en una familia es susceptible de producir los peores conflictos. Uno de nuestros amigos nos confiaba que su hermana mayor nunca se había recuperado de la ausencia de su padre en su casamiento porque no le gustaba su futuro marido. Durante toda su vida, había esperado que su padre le pidiera perdón por no haberle servido de padre. Ahogó sus penas en el alcohol; el alcoholismo provocó su muerte prematura. Cuántos dramas familiares como éste hubieran podido evitarse gracias a estas simples palabras: "¡Te pido perdón!".

El pedido de perdón y el crecimiento espiritual

Las personas deseosas de crecer psicológica y espiritualmente perciben poco a poco la necesidad vital de confesar sus errores y pedir perdón por ellos. Este gesto voluntario pero extremadamente raro tiene, en efecto, el poder de transformar la vida y la actitud hacia el otro. El pedido de perdón favorece la evolución psicológica y espiritual de una persona al igual que la práctica de la humildad, la gratitud, la apertura, la sencillez y la compasión.

---

2. En España: *El poder del perdón.*

La importancia de pedir perdón aumenta hacia el final de la vida. Las personas que están en fase terminal deseosas de vivir este tiempo precioso se dedican a pasar revista a toda su vida. Toman esta oportunidad para acordarse de las personas a las que pudieron haber ofendido con palabras, actos o por omisión. Este trabajo de conciencia las conducirá hacia un pedido de perdón que se convertirá para ellas en una fuente de paz y de armonía con sus prójimos.

El mismo pedido de perdón se volverá posible para las personas que transitan un duelo, con la condición de que crean en el más allá.

El efecto benéfico del pedido de perdón para la sociedad

Los educadores, conscientes de su responsabilidad para transmitir a los niños valores tales como la compasión, la empatía y el respeto por los demás, sacarán provecho al adoptar las estrategias de pedido de perdón presentadas en esta obra. Enseñarán a los niños, entre otras cosas, la escucha activa de las emociones y de los sentimientos, la humildad, el no juzgar, el respeto por el otro y, sobre todo, la capacidad de pedir perdón. Ellos mismos se aplicarán en reconocer sus propias faltas hacia los jóvenes y, evidentemente, practicarán el arte de pedir perdón.

Los jefes de nuestras diversas comunidades, es decir, los políticos, los gerentes, los rectores, los administradores escolares, los profesores y los consejeros que se toman a pecho el establecer relaciones sanas con sus subalternos, reconocerán ante ellos sus errores de gestión y sacarán provecho de las estrategias de pedido de perdón para resolver los conflictos.

La importancia de pedir perdón
en las grandes religiones monoteístas

Mientras estaba agonizando, el célebre escritor norteamericano Henry Thoreau recibió la visita de su tía Louise. Ésta le preguntó si se había reconciliado con Dios. Y él le respondió: "No sabía que me había peleado con él."

Desde siempre, las instituciones religiosas han reconocido la importancia de pedir perdón a Dios así como la de ser perdonado por él. Describamos suscintamente la manera de hacerlo propia de cada una de las tres grandes religiones monoteístas: el cristianismo, el judaísmo y el islamismo. En lo que respecta al cristianismo, nos acotaremos aquí al catolicismo.

El catolicismo

En el curso del principal ritual de la Iglesia Católica, la misa, se le pide perdón a Dios al menos ocho veces. Considerando la importancia del perdón, la Iglesia lo ha convertido en un sacramento. El sacramento del perdón, también llamado sacramento de la reconciliación, ha revestido diversas formas a lo largo del tiempo. Más recientemente, la Iglesia elaboró sus condiciones: el examen de conciencia, la confesión individual a un sacerdote precisando la naturaleza venial o mortal de sus pecados así como su cantidad, la necesidad de confesarse al menos una vez por año durante la Pascua, el firme propósito de no repetir el pecado y el cumplimiento de la penitencia dada por el confesor.

Las exigencias de la Iglesia resultaron demasiado pesadas para recibir el perdón gratuito de Dios. Desde hace algunas décadas, la confesión individual ha sufrido un abandono masivo. Sería largo describir aquí todas las razones de este desistimiento colectivo. Mencionemos tan sólo una: la insistencia puesta en la confesión de los pecados de naturaleza sexual. Muchos católicos se acuerdan con amargura de haberse sentido humillados en este punto por la actitud de ciertos confesores.

Por lo demás, las celebraciones penitenciales, preparadas con cuidado mediante un examen de conciencia y la lectura de textos bíblicos, han conseguido una verdadera popularidad. Los fieles no se sentían obligados ya a confesar individualmente sus faltas a un sacerdote. La insistencia estaba puesta en la palabra del Dios de misericordia y la absolución individual era reemplazada por una absolución colectiva.

A pesar del apoyo popular otorgado a esta modalidad, un documento de Juan Pablo II, el Motu proprio *Misericordia Dei*, pedía que se retornara a la confesión individual. Algunos, sacerdotes y laicos, consideraron este documento como retrógrado[3].

El judaísmo

En un brillante artículo titulado "Kippur en Jerusalén", publicado en *Le monde des religions* (sept/oct 2003, n°1, p. 70), Claude Vigée describe cómo las comunidades judías se preparan en la actualidad para la fiesta del Yom Kippur, literalmente "fiesta de las expiaciones". En ocasión de este gran momento de su liturgia, los judíos piden perdón a Dios y al prójimo. Como preparación para esa fiesta solemne del perdón, las reglas litúrgicas piden que se observe silencio, ayuno, recogimiento y cambio de ropa. En su cuidadosa descripción de estas reglas de preparación, el autor agregó un comentario que nos ha sorprendido un poco: "El perdón debe merecerse." Ahora bien, para nosotros, los cristianos, el perdón de Dios es esencialmente gratuito.

Según la ley rabínica, el penitente debe reconciliarse primero con su prójimo a quien le pedirá perdón hasta tres veces.

---

3. Para profundizar este tema, los remitimos a un número de la revista *Liturgie, foi et culture* (v. 37, verano de 2003). Para saber más sobre la teología del perdón en el catolicismo, se puede también consultar el sitio de Internet *cybercure.cef.fr*.

Debe realizar este procedimiento antes de atreverse a pedir perdón a Dios.

El islamismo

"Dios el misericordioso" es el más prestigioso de los cien nombres que recibe Dios en la oración musulmana. El pedido de perdón a Dios no es, sin embargo, objeto de una fiesta especial en el islamismo, sino que se ofrecen varias oportunidades al fiel para cumplir este deber.

Así, al final de las cinco oraciones rituales cotidianas, se le recomienda pedir expresamente perdón a Dios. El imán, durante la oración del viernes, implora el perdón colectivo en favor de los creyentes. Por último, el ramadán "representa en el año un largo período privilegiado para volcarse hacia Dios e implorar su perdón" (Nassib Mahfouz, 1992 : 142.).

2
Lo excusable no es lo perdonable

*Apresurarse a dar explicaciones y disculpas
es siempre signo de debilidad.*

AGATHA CHRISTIE

Cuando no hay ofensa

Lanzamos aquí un desafío al lector: lo invitamos a juzgar, en cada uno de estos tres casos, si se ha cometido o no una falta real.

1- Tras la corrección de sus deberes, que juzga muy malos, un profesor no le pone a su alumna la nota mínima para aprobar. Ésta le escribe al profesor que le perdona su severidad para con ella. El profesor queda perplejo ante un perdón que no ha solicitado.

2- Louis, empleado de una compañía, no deja de contravenir los reglamentos: llegadas tarde, errores por falta de atención, franca rebeldía contra las directivas, etcétera. Por estos mismos hechos, su rendimiento en el trabajo deja que desear. El consejo de Dirección, del que hace parte Robert, amigo de Louis, ha establecido un informe de las múltiples quejas contra Louis. El consejo toma la decisión de despedirlo. Hasta Robert vota a favor del despido. Louis está enojado y furioso con su amigo, le reprocha que no lo haya apoyado. Espera de parte de Robert al menos un pedido de disculpas.

3- Un día, una de mis lectoras me reprochó severamente el haber denunciado la influencia desastrosa de una madre sobre su hija de nueve años. En efecto, yo había contado en un libro el caso de Antoinette que estaba de duelo por su hija que había muerto de leucemia. Ahora bien, Antoinette alimentaba un enojo excesivo hacia su marido y una desconfianza desmesurada en los médicos. Creaba así grandes tensiones y mucha confusión en otra de sus hijas, Julie, de nueve años, que también estaba enferma de cáncer. Sus palabras agresivas y hoscas le hacían mal a su hija, llena de amor y de admiración por su padre. Además, sus palabras despreciativas respecto de los médicos incitaban a su hija a no tenerles confianza.

Mi lectora se había identificado con Antoinette. Me reprochaba que suscitara en ella un sentimiento de culpa, pues también había tenido una hija pequeña muerta de leucemia. Exigía de mi parte que retirara de mi libro aquellas líneas que despertaban en ella un fuerte sentimiento de culpa por no haber hecho lo suficiente por su hija enferma.

Respuestas en los tres casos evocados

La respuesta en el primer caso es evidente: el profesor sólo cumplió con su deber al juzgar que el trabajo de su alumna era inaceptable. Le respondió que no se sentía de ninguna manera culpable hacia ella. En verdad, ella no debía sino tomárselas consigo misma por su fracaso. Él no tenía por qué pedirle perdón ni recibir disculpas de su parte.

En el segundo caso, el del despido de Louis, Robert actuó de acuerdo con su conciencia profesional. Estaba apenado al constatar la frustración y la cólera de Louis para con él. Pero Robert no tenía ganas en absoluto de disculparse y todavía menos de pedirle perdón. Es conveniente citar aquí un pasaje de Pascal Ide, tomado de su obra *Est-il posible de pardonner?*: "Se conocen las palabras mismas de Aristóteles: 'Amigo de Platón, pero aún más amigo de la verdad'." La amistad reposa, pues, en el sentido de lo justo, del bien y de lo verdadero. Si se prefiere la amistad de sus seres queridos a la verdad, si se está dispuesto a mentir, a ser injusto o a hacer negociaciones, antes que perder un amigo, ¿por qué no se vería uno autorizado a engañar incluso en el marco de la amistad?" (1994 : 65).

Por último, a esa lectora que me acusaba de haberla "hecho sentir culpable", le respondí que sentía una real compasión por ella, que había perdido a su hija, pero que no me sentía para nada responsable por haber suscitado en ella un sentimiento de culpa con la lectura de mi libro.

Si por sus acciones y sus palabras una persona no tiene de ninguna manera la intención de suscitar en el otro emociones dolorosas o no tiene previsto crearlas, no puede ni debe pedir perdón a la persona que se cree ofendida. No tiene ningún poder, ningún control sobre la interpretación que el otro puede hacer de sus palabras y de sus gestos, aún menos sobre las emociones y los sentimientos que suscitan.

Si regaño a alguien de manera justa sin siquiera tener el deseo oculto de ofenderlo, estoy en la imposibilidad de prever o de adivinar sus reacciones: puede tenerme miedo, indignarse, enojarse, apreciar o no mi franqueza, fingir que me ignora, empezar a reírse, tratarme de mentiroso o muy simplemente partir. De todas maneras, me es imposible prever el repertorio de sus reacciones a mi reprimenda. Soy responsable de mis palabras francas, pero en absoluto de las reacciones interiores o exteriores del otro.

Cuando hay una ofensa involuntaria

Lo excusable no es lo perdonable. Por ejemplo, si por descuido, por falta de atención, le piso el pie a alguien, si, por ignorancia del contexto social, hago una observación desubicada a alguien, si, con un gesto torpe, rompo un adorno en la casa de mi anfitrión, si, por inadvertencia, actúo con falta de tacto... en todos estos casos, y en muchos otros, debería sin duda disculparme, pero no pedir perdón. Mi responsabilidad moral en estas circunstancias es prácticamente nula: en efecto, mi palabra o mi gesto no es intencional. Mi falta es involuntaria. Todo lo que puedo hacer en estos casos es disculparme.

En *The Power of Apology*, Beverly Engel a menudo alimenta en el lector la confusión entre la disculpa y el pedido de perdón. Suscita por lo mismo un falso sentimiento de culpa. Después de un acto excusable cometido por una persona, Beverly Engel le ordena pedir perdón. Además, cuando la supuesta víctima experimenta una reacción emotiva incómoda, Engel declara al autor culpable de la supuesta falta y responsable de esta reacción. A su lector no le queda otra opción que pedir perdón a su supuesta víctima. Tal error podría explicarse por el hecho de que el término inglés *apology* es ambiguo; significa a la vez perdón y disculpa.

Cuando hay una ofensa intencional

Una ofensa, en el sentido riguroso del término, proviene de una voluntad ya de arruinar la calidad de la relación con el otro, ya de provocar su ruptura. Las palabras expresadas o los gestos realizados están entonces animados por una expresa voluntad de ser injusto, de lastimar o de quebrar un lazo de amistad o de conveniencia. Tal ofensa exige un pedido de perdón.

Según Beverly Engel, (2001 : 28), dejando de lado los delitos, los crímenes crapulosos y las acciones sádicas, las ofensas más comunes son las siguientes:

Las traiciones
Los comportamientos rudos o indiscretos
La mentira o la decepción
La humillación o el sarcasmo
Los gestos irreflexivos de desprecio

Los quiebres de confidencias
Las impaciencias bruscas
Las actitudes degradantes
Las faltas de respeto
Los juicios malintencionados
Faltar a una promesa
El chusmerío, la maledicencia, la calumnia, la propagación
de falsos rumores
Las injusticias
La sumisión de una persona a malos tratos físicos,
emocionales o sexuales
La mezquindad y la crueldad
La postergación sistemática
El engaño, el timo

Todas las ofensas mencionadas tienen un elemento común: la humillación de alguien. Nos detendremos aquí en este aspecto. Las diferentes formas de humillación inyectan en la víctima un virus de desestima de sí tenaz. Para algunos, más introvertidos, este virus tiene como efecto llevarlos a repetirse sin cesar las palabras despreciativas del ofensor o a recordar sus gestos desdichados. Estas palabras o estos gestos constituyen para ellos una fuente de culpa imposible de sacar de raíz. Otros, más extravertidos, reaccionan a la humillación padecida vengándose en su entorno. Presienten y previenen la humillación tomando la iniciativa de atacar, aun si no son amenazados. Muchas veces, descargan inconscientemente su enojo en inocentes, especialmente en los seres queridos o los amigos íntimos.

Este peligro acecha particularmente a las personas que tienen lugares de autoridad, porque se ven a menudo tentadas de humillar a sus subalternos para salvaguardar su superioridad. Es el caso de los jefes poco seguros de sí mismos que no valoran a sus empleados y los rebajan; padres y educadores, llevados por el miedo, que creen hacer bien al humillar a los niños con el objetivo de educarlos; policías o guardianes de prisión que buscan quebrar el carácter de los recalcitrantes... A menudo, en nuestro consultorio psicológico, escuchamos a nuestros pacientes contarnos relatos de humillaciones. Aun cuando estas humillaciones se remontan a muchos años atrás. Conservan toda su virulencia y su poder de gangrenar la vida psicológica y espiritual de las personas que fueron sus víctimas.

Algunas culturas favorecen la práctica de la humillación. Denunciamos tal tendencia. En varias escuelas francesas se implementaba la humillación para disciplinar a los niños. Pensamos también en los programas de televisión como "Le maillon faible" [*El eslabón débil*], en los que los candidatos son tratados de nulos en público. En los programas "Tout le monde en parle" [*Todo el mundo habla de eso*] y "On ne peut pas plaire à tout le monde" [*No se puede gustar a todo el mundo*], los animadores sienten un placer maligno en confundir y humillar a sus invitados haciéndoles preguntas sobre su vida íntima, sus fracasos y su sexualidad. Pareciera que unos y otros se complacen en una suerte de relación sadomasoquista.

Lo que más nos apena es ver cierto público deleitarse con estos rebajamientos. En verdad es difícil reaccionar contra una corriente secular. La película francesa *Ridicule* [Ridículo][4], del realizador Patrice Leconte, lo muestra bien. Allí se ven algunos cortesanos del rey Luis XIV cubiertos de vergüenza al punto que no se atreven a presentarse más en público, cuando no optan por suicidarse...

Cuando se cometen ofensas contra los seres queridos

¿Quién puede lastimar tanto como la persona que se ha dejado penetrar en la intimidad?

Es más difícil probar que se cometió una ofensa real en las relaciones íntimas, porque el elemento subjetivo está omnipre-

---

4. En español se conoce como "Nadie está a salvo".

sente. En una relación afectiva o pasional, se puede fácilmente herir a un allegado, a un amigo o a un enamorado, sin darse demasiada cuenta. En efecto, muy a menudo, el otro tiene expectativas secretas. Por tal razón, la gravedad de la herida se mide menos por la gravedad objetiva de la ofensa que por el tamaño de las expectativas del otro, sean o no realistas.

Pascal Ide, citado más arriba, ilustra su punto de vista por el caso de un esposo que se olvida de traerle un ramo de flores a su esposa para el aniversario de casamiento. Y Pascal Ide concluye que no se ha cometido ofensa alguna, pues se trata de un gesto gratuito: el ramo de flores es un regalo que no puede exigirse.

No estamos en absoluto de acuerdo con él en este punto. Nuestro juicio se funda en una realidad objetiva: una relación afectiva de calidad exige ciertas manifestaciones. La persona querida o el enamorado que descuida la calidad de esa relación con repetidas omisiones, faltas de atención, olvidos frecuentes, mutismo, descuido de pequeños detalles, críticas amargas, enojos y hasta infidelidades, socava la relación de intimidad y a la larga corre el riesgo de destruirla. La razón principal de esta degradación del lazo es una agresividad reprimida. Ay, los hombres muy frecuentemente son inconscientes del deterioro del lazo de amor y lo más común es que las mujeres lancen el primer grito de alarma. Por lo tanto, aun si la relación es de orden subjetivo, se puede ofender objetiva e intencionalmente a un ser querido o a un enamorado.

Ciertamente, el principio enunciado más arriba sigue siendo válido: uno no es responsable de las emociones y de los sentimientos del otro. Sin embargo, esto es completamente distinto en una relación amorosa o de amistad que uno no alimenta; uno es responsable de mantenerla viva y en crecimiento. Es exactamente esto lo que el zorro afirma al Principito, personaje muy conocido de Saint-Exupéry: "Te vuelves responsable para siempre de lo que has domesticado."

Por haber participado en retiros de pareja y en sesiones de terapia familiar, nuestra experiencia nos permite afirmar esto: en cuanto los esposos o los amigos se percatan de su responsabilidad o de su culpa en la erosión del lazo afectivo, en cuanto lo lamentan y se piden perdón mutuamente, se produce entonces una especie de milagro de cura del lazo de intimidad. No solamente sus relaciones íntimas se ven así salvaguardadas, sino que tienen la posibilidad en adelante de crecer en profundidad y en estabilidad.

Ejercicios

1. Las personas que más queremos pueden provocar en nosotros profundas heridas, pues las hemos dejado penetrar en nuestra intimidad.

¿Es esto cierto en su caso?

¿Tiene miedo de herir a la persona íntima por no hacerle compartir sus frustraciones y sus amarguras?

¿Es usted verdadero en sus relaciones íntimas?

¿Trata usted de liberarse de su agresividad de una manera desviada en vez de expresarla al otro con franqueza?

¿Qué ajuste debería hacer en sus relaciones íntimas?

2. Le proponemos que haga la lista de las personas a las que ha ofendido en el curso de su vida. Hágala de una manera espontánea sin preocuparse por la exactitud de la lista.

Por deseo de autenticidad, los autores sintieron la necesidad de expresar también su pedido de perdón. Lo encontrarán al final del capítulo 6, "El procedimiento concreto del pedido de perdón al ofendido" (p. 87).

Al releer su lista, usted se percata tal vez de la importancia de ciertas faltas que antes consideraba como livianas e inofensivas. Gracias a su desarrollo moral, éstas se le aparecen ahora como más serias y más graves de lo que usted pensaba.

A partir de esta lista personal, concéntrese en un objetivo preciso: elija una falta en la cual le gustaría trabajar a lo largo de este libro con el fin de liberarse de su peso.

3
Los falsos pedidos de perdón

Cuidémonos de convertir los pedidos de perdón en algo trillado. Pedir perdón, por ejemplo, a propósito de cualquier cosa y por cualquier pequeño pecado no haría más que debilitar la seriedad del procedimiento. Cuántas veces habrán ustedes oído decir a alguien, después de que lo hayan empujado por descuido: "Le pido perdón". Oímos también a veces: "¡Perdóneme si lo he lastimado!" Se trata de fórmulas vacías de sentido dadas las circunstancias. Así como existen falsos perdones, existen también falsos pedidos de perdón.

Los pedidos de perdón, simples fórmulas de cortesía

Determinados tipos de perdón son equivalentes a simples fórmulas de cortesía. Así, se le pedirá perdón a alguien cuando se lo interrumpe en una conversación o en una ocupación en la que estaba. El uso de los buenos modales así lo requiere, pero esta manera de actuar no deja de banalizar el sentido de un verdadero pedido de perdón. En inglés, se prefiere "excusarse" en lugar de pedir perdón, lo cual nos parece más acertado. En efecto, la palabra "excusar" viene del latín *excusare*, que significa literalmente "dejar fuera de causa, de acusación".

Si se vuelca una fuente sobre el traje o el vestido de alguien por torpeza o si, por accidente, se rompe un adorno o se habla por inadvertencia de la soga en casa del ahorcado, uno debería excusarse por su acto en lugar de pedir perdón por él, muy simplemente porque no se tenía ninguna mala intención.

Los pedidos de perdón por faltas involuntarias

Rechazamos también en tanto falsos pedidos de perdón las fórmulas de conveniencia utilizadas en ocasión de faltas involuntarias e inconscientes. Durante el discurso de despedida pronunciado por un jefe, oí a éste decir: "Les pido perdón si los he ofendido sin querer." Si no había voluntad alguna de ofender a sus subalternos, el jefe no había cometido ninguna falta y, en consecuencia, no tenía más que excusarse por sus torpezas involuntarias.

Los pedidos de perdón por haber suscitado sin querer emociones y sentimientos desagradables en el otro

Ciertas personas piden perdón por haber herido, chocado, insultado o conmovido a alguien con sus palabras o sus actos, sin querer. En tales circunstancias, se utilizan a menudo las expresiones: "Te lastimé"; "Es mi culpa si te sentiste herido"; "Lo he conmovido con mis palabras". Jean Vanier, en su hermosa obra *La communauté, lieu de pardon et de la fête* (Éditions Fleurus/Bellarmin, p. 102), efectúa el siguiente pedido de perdón: "Pido perdón a todos aquellos que han venido a mi comunidad o a nuestras comunidades del Arché [El Arca] llenos de entusiasmo y que se decepcionaron por nuestra falta de apertura, por nuestros bloqueos, por nuestra falta de verdad y nuestro orgullo." Según nuestro parecer, habría dos errores en este pedido. Jean Vanier pide perdón por haber suscitado un sentimiento de decepción en el otro; además, habla en nombre de los demás miembros de su comunidad.

En *Apology*, Beverly Engel sostiene que habría que pedir siempre perdón por las emociones y sentimientos que experimenta nuestro interlocutor. Nuestra opinión es que tal recomendación no es apropiada. La razón es simple: uno se atribuye falsamente la responsabilidad de las emociones y de los sentimientos de los otros. Cuando, en el fondo, uno no tiene poder sobre su vida interior. En este sentido, uno no es responsable de las emociones y de los sentimientos que despierta en el otro. Lo que está en juego es la interpretación subjetiva que éste haya dado a las palabras y a los gestos.

Los pedidos de perdón superficiales

Estos pedidos de perdón expresados sin arrepentimiento parten de una voluntad de terminar con el asunto lo más rápidamente posible evitando al máximo sentirse culpable por su error. Esto es lo que traduce una fórmula como: "Te pido perdón y no se habla más del tema." Esta búsqueda del perdón es, de hecho, una mala maniobra destinada a olvidar rápidamente la falta, a sacarse la culpa de encima y a conseguir una paz de bajo costo. Por lo demás, no queremos analizar su alcance ni sus motivos.

Esta manera de actuar es comparable a la de los niños deseosos de evitar toda pregunta embarazosa de parte de sus padres. Esperan así que se los perdone sin tener que abundar sobre su falta ni modificar su conducta.

Existen también pedidos de perdón realizados por políticos de cuya sinceridad es lícito dudar. Éstos desean a tal punto ganar o recuperar la confianza de sus electores que están dispuestos a simular que se arrepienten de sus actos. ¿No cabe preguntarse si no era éste, de hecho, el sentimiento que animaba a Bill Clinton cuando se deshizo en pedidos públicos de perdón ante su familia y la nación norteamericana? Así, un hombre dirá a su esposa: "He admitido mi infidelidad; he sido transparente y sincero. ¡Ahora, en tanto cristiana, debes perdonarme de inmediato!"

Un pedido de perdón no deja de ser un pedido: el ofendido sigue siendo libre de otorgar su perdón, de postergarlo o de guardárselo para sí. Sería casi cometer una segunda ofensa el ejercer sobre él alguna presión para forzarlo a perdonar. El que solicita el perdón debe dejar al ofendido la entera libertad de otorgarle su perdón, a pesar de su prisa por verse liberado de su sentimiento de culpa.

Los pedidos de perdón compulsivos

Ciertas personas han descubierto un medio de reducir su angustia solicitando sin cesar el perdón. No sabemos si es por la influencia del Papa Juan Pablo II que pedía perdón a menudo, pero algunos responsables religiosos se pierden en perdones ante su auditorio. Son obsesivos que tratan de liberarse de su sentimiento de culpa a fuerza de pedidos de perdón.

Hemos conocido a un sacerdote que alentaba a sus fieles a implorar el perdón cada vez que habían discutido con alguien o tenían una desavenencia. Aunque las personas no estuvieran en falta, él sostenía que humillarse adoptando el papel del ofensor ayudaba a resolver el conflicto. Pueden constatar por ustedes mismos que este pedido de perdón es falso.

Vale la misma observación para la fórmula artificial que un hermano tenía la mala costumbre de usar: "¡Discúlpame si te pido perdón!"

Los pedidos de perdón que se hacen denigrándose uno mismo

No cabe denigrarse cuando se solicita un perdón. Esto es contrario al principio según el cual quien está en falta debe conservar toda su dignidad cuando confiesa su falta. El ejemplo clásico en la materia es la parábola del hijo pródigo. Éste implora a su padre que lo trate como a un servidor y que se olvide de que es su hijo. El padre no entra en este juego de rebajamiento, pero lo trata, por el contrario, como a su hijo vistiéndolo con la túnica, pasándole un anillo al dedo y calzándolo con sandalias.

Es importante deplorar su accionar equivocado y no rebajar su persona. Qué pensar del pedido de perdón de una persona que se expresara así: "Reconozco sinceramente mi torpeza por abordar el tema del divorcio cuando usted está pasando por esa prueba. Acostumbro a molestar a la gente durante las reuniones mundanas. Perdone mi torpeza y mi estupidez". Es inútil y sobre todo perjudicial envilecerse al hacer su *mea culpa*.

Los pedidos de perdón sinceros a medias o en condicional

A menudo, al pedido de perdón le falta convicción. Siembra confusión y suscita un aumento de decepción y de enojo en el ofendido. Es el caso de los pedidos de perdón hechos en condicional. He aquí algunos ejemplos.

"Le pido perdón por mis observaciones desagradables. Sin embargo, si usted prestara más atención a su trabajo, yo no me vería en la obligación de hacerle tantos reproches."

"Quisiera admitir mis errores, pero usted también debería admitir los propios."

"Acepto cargar con toda la culpa y pedir perdón, aunque no soy yo quien empezó ese chusmerío. ¡No hice más que repetirlo!"

Por medio de estos pedidos de perdón, el ofensor busca justificarse y minimizar su responsabilidad.

Los pedidos de perdón exigidos por el ofendido

En *The Power of Apology*, nos asombra ver que Beverly Engel aconseja a la víctima que exija un pedido de perdón de parte del ofensor. Según nuestra opinión, el ofendido no puede revelar al ofensor más que el dolor físico o psicológico al que éste lo sometió. Otra tarea del ofendido consiste en tomar todos los medios que tenga a su disposición para hacer cesar los gestos ofensivos. Si el ofensor llega a tomar conciencia de sus errores y pide perdón, la víctima habrá conseguido liberarse de una situación penosa. Pero exigir un pedido de perdón colocará al ofensor en un punto muerto. Es como si la víctima reclamara este gesto como algo que se le debe, cuando se trata de algo totalmente gratuito. Dicho de otro modo, sería exigir por parte del ofensor lo imposible.

Los pedidos de perdón hechos por un sustituto

No se puede asumir la responsabilidad de una falta que no se ha cometido. Tomemos el caso de un criminal que mató a una madre de familia. La esposa de este hombre, llena de compasión por la familia que está sufriendo, sustituye a su esposo para pedir perdón a todos los miembros de dicha familia. Un sacerdote la dio como ejemplo por haber realizado ese gesto.

A pesar de la belleza de esta valiente acción, pensamos que es imposible sustituir a un ofensor. El pedir perdón en su lugar engendra confusión en los espíritus, porque una esposa no es en absoluto responsable del crimen de su esposo. Esta mujer debería más bien alentar a su marido para que asumiera la responsabilidad de su falta y pidiera él mismo perdón.

4

Las resistencias que se pueden experimentar ante el hecho de pedir perdón

Algunos ofensores experimentan sinceros lamentos por sus errores, pero se preguntan: ¿por qué debería humillarme solicitando un perdón? ¿Por qué debería mostrarme vulnerable y exponerme a la venganza del ofendido? Hay que reconocer que pedir perdón no es algo que surja de un mero instinto. Está lejos de ser un gesto naturalmente espontáneo. El precepto que invita a pedir perdón proviene de una sabiduría secular transmitida de generación en generación.

El pedir perdón por las faltas ha adquirido un valor primordial en la cultura cristiana. La cultura ambiente, por el contrario, recomienda el silencio y alienta a "cubrirse", a no mostrar la debilidad, a practicar la competencia y la competición, a dar prueba de un espíritu de dominación, a rivalizar en la excelencia, a buscar bienes materiales, a demostrar su fuerza, a convencer mediante una publicidad insidiosa, a apuntar a la gloria personal, etcétera. Las orientaciones corrientes de la sociedad no valoran la autenticidad, la generosidad, la gentileza, la compasión, otras tantas virtudes ligadas al pedido de perdón.

¿Cómo sorprenderse de que sea tan difícil en tal contexto social pedir perdón y que uno sea proclive a oponer tantas resistencias a este procedimiento?

Las resistencias internas al pedido de perdón

Una conciencia moral dormida

Muchos se alimentan de la ilusión de no haber cometido nunca la más mínima ofensa hacia otra persona. Para justificarse, recurren a múltiples "racionalizaciones". "Es la vida", dicen; "Hay que saber defenderse"; "Es el combate necesario para la supervivencia"; "Vivimos en una época de competencia, hay que jugar pesado"; "Cada uno en su casa"; "¿Quién me pide perdón por las faltas cometidas hacia mí?" Lejos de ellos la idea de buscar que las personas a las que ofendieron los perdonen. Se muestran más bien orgullosos de haber "puesto a alguien en su lugar", de haberlo rebajado y humillado, de haber sido demasiado astuto para engañarlo, de haberlo insultado con elegancia, de haberlo ridiculizado, de haberle hecho perder prestigio, etcétera.

En su obra *Des jeux et des hommes* [Sobre los juegos y los hombres], Éric Berne, fundador del análisis transaccional, afirma que muchos se entregan a juegos perniciosos semejantes para consolidar su dominación sobre los demás, para humillarlos, envilecerlos, avergonzarlos, llevarlos a creer que los otros son los verdugos y que ellos son las verdaderas víctimas. Hacen todo esto sin vergüenza. Ahora bien, suele ocurrir que utilizan estas prácticas destructivas por haberlas padecido ellos mismos en su infancia. Por instinto se han identificado con sus agresores. Heridos, se han vuelto a su vez hirientes. Humillados, se han hecho humillantes. Hoy les parece completamente normal recurrir a las mismas brutalidades. En suma, pedir perdón equivale a sus ojos a reconocerse como débil, despojado y frágil en un mundo de competencia en el que se valora al más fuerte.

La incapacidad de revelar las faltas

Notemos particularmente la existencia de cierta categoría de personas reticentes a mostrar su debilidad o su compasión:

los *perfeccionistas*, entre otros, que detestan ser tomados en falta, los *dominantes*, que siempre tienen razón, los *machos*, que se cuidan bien de mostrar la menor fragilidad, los *narcisistas*, alérgicos a toda humillación, por ínfima que sea, de tan fragilizada que tienen la imagen de ellos mismos, los *irreprochables*, que echan la culpa sin cesar a los demás, los *criminales*, por último, que cultivan el mito del héroe, despreciando a los débiles y vanagloriándose de convertirlos en víctimas. Habría que agregar a esta lista impresionante a las personas que no pueden recibir nada de los demás. Realizar un pedido de perdón sería mostrarse débil y dependiente del ofensor. La gratuidad del perdón los asusta y hasta les repugna. De hecho, no creen en él. Algunos de ellos están convencidos de no ser amables. Por esta razón, el aceptar recibir el magnífico don del perdón los conmovería demasiado en su desestima de sí. Prefieren callar su falta y dejarla pudrirse dentro de sí antes que sentirse y saberse amados por lo que ellos mismos son.

La incapacidad de enfrentar la vergüenza y la culpa

Existen personas incapaces de reconocer su falta sin sentirse abrumadas por un sentimiento malsano de vergüenza y de culpa. Pedir perdón sería, a sus ojos, rebajarse y degradarse más. Al fin de cuentas sufren de una pobre estima de ellas mismas. Temen padecer una humillación tal por la que perderían su dignidad. Ante este temor, prefieren callarse y hacer como el avestruz.

Una culpa que prohíbe pedir perdón

A la inversa de la primera forma de resistencia al pedido de perdón, existen personas que se sienten tan culpables que no se atreven a pedir a las víctimas que las perdonen. Se consideran como imperdonables. Es el caso de Henri que, en una salida con amigos, fue la causa de un accidente mortal. Ebrio, conducía su vehículo a una velocidad loca. Perdió el control del auto y se estrelló contra un árbol. Resultado: tres de sus compañeros murieron, y él mismo y otro pasajero tuvieron heridas de gravedad. Durante el programa especial de "Vie privée, vie publique" [*Vida privada, vida pública*] sobre la violencia en las rutas, la presentadora Mireille Dumas quiso saber si había pedido perdón a las familias enlutadas. Henri respondió que era incapaz de hacerlo, que consideraba ese pedido como una falta de respeto hacia el dolor de las familias.

Las resistencias que vienen del exterior

El miedo de obligar a la víctima a otorgar un perdón

El ofensor piensa que sería desacertado pedir perdón a su víctima. Hacerlo ejercería sobre ella una presión fuera de lugar, indecente e indebida que la obligaría a perdonar contra su voluntad. Un terapeuta, especialista en casos de abuso sexual, prohibe a sus clientes abusadores que pidan perdón a sus víctimas. Según él, este gesto ejercería una presión moral demasiado grande sobre ellas. Sea como fuere, consideramos esta prohibición demasiado rígida. En nuestra opinión, el terapeuta muestra una prudencia demasiado grande y no confía suficientemente en las víctimas, en su capacidad de decidir por sí mismas si están dispuestas o no a perdonar. Bastaría con otorgarles un tiempo de reflexión suficiente.

El miedo de ser rechazado al confesar la ofensa

Bien protegido en su jardín interior, el ofensor anónimo no quiere en absoluto mostrar el lado oscuro de su ser. Si tuviera que reconocer la presencia en él de un defecto cualquiera, de un acto perverso o delictuoso, de una mala costumbre, su personaje social, pacientemente cuidado y embellecido, se vería opacado o incluso demolido. El miedo de ser rechazado lo obsesiona a ultranza. Por este motivo se defiende racionalizando su silencio: "Lo que no saben de mí no les hace daño." Para él, pedir perdón sería equivalente a develarse tal cual es, a destruir su brillante *persona* y a exponer en público su bajeza... lo cual, sin duda, convengámoslo, le resulta muy angustiante.

El miedo de ser obligado a reparar la falta

En ciertos casos, confesar una falta pidiendo perdón al ofendido podría tener como consecuencia la reparación de los daños causados. Tomemos el caso de un conductor que, por descuido, hunde la carrocería de otro auto. Después de una mirada circular para asegurarse de que no lo vieron, se escapa. El delito de fuga es muy común. Las estadísticas revelan que se cometen más de 100.000 delitos de fuga por año en Francia.

En la misma vena, se observa que las instituciones mismas vacilan mucho en pedir perdón por sus errores. En Francia, el caso de la sangre contaminada habla largo y tendido sobre este tema. Se pasan la pelota unos a otros para no tener que admitir su responsabilidad y para evitar cualquier indemnización a las víctimas. Cuando tienen la posibilidad de hacerlo, las instituciones suelen esperar que el caso prescriba antes de reconocer sus errores.

Es verdad que el pedido de perdón provoca un cambio de actitudes: arrepentimiento de la falta, deseo de transformarse y voluntad de reparar. Y esto basta para volver a alguien vacilante a la hora de reconocer su falta y pedir perdón.

El miedo de recibir una negativa

Muchos temen que su pedido de perdón reciba una negativa. No están del todo seguros de que el ofendido vaya a perdonarlos. Es verdad que éste es libre de aceptar o de rechazar el pedido; en esto reside la belleza del perdón libre, pero también su aspecto trágico. La negativa eventual del ofendido no conmoverá más de la cuenta al ofensor si éste ya se ha perdonado a sí mismo. Por el contrario, saldrá fortalecido y liberado gracias a su propio perdón y al empeño que ha puesto en solicitar el perdón de su víctima.

¿Qué hacer con estas resistencias?

Un acompañante sagaz, ya sea psicólogo o guía espiritual, debería tener en cuenta estas resistencias neutralizantes. En efecto, la terapia moderna no considera la resistencia como mala fe por parte del ofensor, sino más bien como una reacción normal e importante de éste, que traduce su deseo de salvaguardar su dignidad. En consecuencia, los guías y los acompañantes sagaces deberán tener en cuenta las resistencias de sus pacientes y reconocer su alcance. Ignorarlas, como lo hacen muchos acompañantes, es condenar a sus pacientes a realizar un pedido de perdón forzado o a guardarse un secreto que seguirá minando su energía.

Ejercicio

Es difícil captar las resistencias psicológicas que se experimentan ante el pedido de perdón. Hace falta a veces la ayuda de un testigo sagaz para detectarlas.

Antes de pedir perdón, es imperioso que se encuentre en armonía con usted mismo. El siguiente ejercicio lo ayudará a discernir sus resistencias y a respetarlas.

Adopte una posición cómoda. Aparte todo lo que pudiera molestarlo. Comience a entrar en el interior de usted mismo. Tómese el tiempo necesario para distenderse y siga las directivas que le indicamos a continuación:

Elija un acontecimiento en el que usted haya herido a alguien, por el cual debe pedir perdón. En su imaginación, colóquese frente a la persona a la que quiere hacerle su pedido.

¿Cómo la ve? ¿Quiere hablarle o permanece en silencio? ¿Qué siente usted?

Tómese tiempo para vigilar las reacciones de su cuerpo, las contracciones y las tensiones que surgen en usted.

Tómese el tiempo necesario para nombrar estas tensiones y estos malestares.

¿Qué emociones surgen en usted?

Usted se prepara para hacer su pedido de perdón. La mayor parte del tiempo las resistencias son inconscientes o medio conscientes.

Durante la simulación del pedido de perdón, interróguese interiormente y pregúntese qué resistencias psicológicas sigue sintiendo.

Respete sus resistencias. Admírelas. No es necesario que se obligue a pedir perdón durante el presente ejercicio.

Identifique las resistencias descriptas y anótelas. Para avanzar en su procedimiento de perdón, lo más importante es tomar conciencia de sus resistencias para curarlas. Luego, busque descubrir la intención positiva de estas resistencias.

¿Qué quieren hacer por usted? ¿De qué quieren protegerlo?

Mire bien de frente sus resistencias, luego interróguelas para saber si estos miedos y estos temores son exagerados o realistas. Si las resistencias son demasiado fuertes, respételas y, de ser necesario, postergue su pedido de perdón.

Imagine un escenario donde entren en escena la parte de usted mismo deseosa de pedir perdón y la que se resiste a hacerlo. Hágalas dialogar entre ellas inspirándose en el ejemplo que sigue.

A dice: "Quiero pedirte perdón para liberarme de esta culpa".
B dice: "Tengo miedo de perder prestigio y de mostrarme tal cual soy".
A responde: "Insisto".
B replica: "¿Se puede encontrar un medio de hacerlo sin perder prestigio?".
A dice: "Te propongo que pidas perdón por escrito".
B dice: "Esta solución, eventualmente, es más aceptable que un encuentro con el ofendido".

Hágalas negociar hasta que ambas partes estén de acuerdo sobre una solución satisfactoria para cada una. Esta manera aceptable de pedir perdón tendrá en cuenta sus resistencias interiores.

Luego, lentamente, a su propio ritmo, usted regresa a lo que ocurre a su alrededor. Puede escribir en un diario de crecimiento el progreso realizado en su pedido de perdón.

SEGUNDA PARTE

LAS ETAPAS DEL PEDIDO DE PERDÓN INDIVIDUAL

Introducción

En vez de improvisar el pedido de perdón y de hacerlo de manera voluntarista como algunos sugieren, creemos que es importante prepararse por medio de un trabajo interior tanto psicológico como espiritual. En efecto, un verdadero pedido de perdón es resultado de una conversión y de una progresión interiores, de una auténtica peregrinación del corazón. Pedir perdón sin haberse entregado a una reflexión profunda sobre su falta y sobre sí puede resultar ser un gesto superficial y estéril.

Para guiar al lector en su procedimiento de perdón, presentamos aquí etapas realistas acompañadas de ejercicios prácticos sobre la progresión interior y la búsqueda del perdón ante el ofendido. Trataremos en primer lugar las etapas de la progresión interior, luego el reconocimiento de la falta y, por último, el pedido de perdón.

5

El trabajo interior para pedir perdón

Una conciencia clara vale más que todas las riquezas.
PROVERBIO FILIPINO

Etapa I: despertar a su responsabilidad moral

El pedir perdón presupone una gran sensibilidad a su interioridad y a sus valores, tanto morales como espirituales. ¿Qué puede desencadenar una viva toma de conciencia de su falta así como de su arrepentimiento? Una palabra, una enseñanza, un ejemplo de generosidad, un despertar súbito de la conciencia, una lectura inspiradora, el hastío de repetir siempre los mismos errores, un sentimiento de malestar, como el de no sentirse a la altura de un ideal moral, la súbita cura de una herida... qué sé yo cuántas cosas más. Ciertos momentos de gracia a veces hacen emerger una verdad que por más que la hayamos oído en repetidas ocasiones, no nos había tocado. De repente, se produce el milagro y, por primera vez, esta verdad dormida se vuelve resplandeciente y reveladora de una realidad moral o espiritual.

Esto es lo que ha vivido una joven mujer con el nacimiento de su primer hijo. En el pasado, ella había hecho dos abortos voluntarios. En esa época, para quitarse la culpa, las parteras le habían dicho que ambos fetos no eran más que excrecencias sin importancia de su propio cuerpo. Una vez convertida en madre, comprendió entonces lo que significaba dar la vida a un hijo. La dicha que experimentó cuando nació ese niño y el amor materno que sentía la colmaban. Pero se sentía muy triste ante el recuerdo de los otros dos pequeños seres de amor semejantes a su hijo que había eliminado. Atravesó un período durante el cual se culpabilizaba. Afortunadamente, con ayuda terapéutica, consiguió hacer el duelo de sus dos primeros hijos. A menudo, los valores que nos trae la edad madura nos hacen lamentar los errores de juventud y los desvíos de nuestra conducta del pasado.

Un ladrón reincidente ha vivido una toma de conciencia semejante en un contexto completamente distinto. Durante su encarcelamiento, el capellán le había propuesto formar parte de un grupo compuesto a la vez por prisioneros condenados por robo y por víctimas de robo. Para romper con el aburrimiento y la soledad, aceptó la invitación, sin muchas expectativas respecto de estos encuentros. Despreciaba a las víctimas de robo; las consideraba estúpidas, presas fáciles de engañar que, al fin de cuentas, merecían que las desvalijaran. Después del primer encuentro, se sintió un poco sacudido por el testimonio de las víctimas. En el segundo, una mujer víctima de un robo contó hasta qué punto se sintió violada en su vida privada. Después de esta agresión, dejó de sentirse en seguridad, aun en su propio domicilio. Al oír el relato de esta mujer, el reincidente se sintió invadido de compasión por ella. Por primera vez, se daba cuenta no sólo de los daños materiales que había causado, sino también del perjuicio psicológico que había infligido a sus víctimas.

Del mismo modo, casi hay que contar con una gracia especial para tomar conciencia de nuestra tendencia instintiva a humillar a los demás y combatirla. Mi estudio sobre el perdón me ha hecho tomar conciencia de mi propia actitud de revancha. Si ocurría que alguien me humillaba de una u otra manera, me veía llevado a vengarme rebajándolo a mi vez de una manera aún más sutil. He necesitado varios años para darme cuenta de esta inclinación malsana y deshacerme de ella. Para lograrlo, decidí abstenerme de toda palabra o gesto de desprecio y de humillación respecto de quienquiera que fuese. Por otra parte, este nuevo enfoque de mi conciencia me hizo lamentar las humillaciones a las que había sometido a los demás en el pasado.

Los motivos que llevan a pedir perdón

Hemos constatado que una persona que acaba de cometer una ofensa tiende a menudo a negarla y, por lo mismo, a recusar su responsabilidad. A partir de esta negación, es importante preguntarse cómo evolucionará el ofensor en el plano moral, hasta qué punto reconocerá su responsabilidad y qué circunstancias lo llevarán a pedir perdón.

La motivación del pedido de perdón varía según los individuos. Lo que importa para cada uno es examinar la calidad de los motivos que lo llevarán a hacerlo. Pues es la naturaleza del motivo lo que determinará la calidad moral del pedido de perdón. Los motivos que pueden conducir a una persona a solicitar el perdón son múltiples.

El estudio de las obras de moralistas nos ha permitido establecer una jerarquía de los motivos según el desarrollo moral de una persona.

1. La motivación en el estadio de la supervivencia: evitar el castigo.

2. La motivación en el estadio de la desculpabilización de sí por medio del reconocimiento: reducir la angustia de haber sido tomado en falta.

3. La motivación en el estadio del deber: obedecer los reglamentos y las leyes de la sociedad.

4. La motivación en el estadio de la interdependencia: tomar conciencia del mal que se le hizo al otro.

5. La motivación en el estadio de la sabiduría: sufrir por el mal en el mundo e intentar eliminarlo.

1- La motivación en el estadio de la supervivencia: evitar el castigo

El criminal que se sabe condenado tiene el mayor interés en implorar el perdón de la corte, en expresar su lamento y aun su arrepentimiento; dicha actitud le valdrá, en ciertos casos, un poco más de clemencia de parte de la justicia. Por ejemplo, una persona podría ser absuelta por un insulto proferido contra un agente de paz si manifestara que lo lamenta y le pidiera perdón.

El más célebre pedido de perdón hecho en este espíritu es sin duda alguna el del hijo pródigo en la parábola del Evangelio. Tras haber dilapidado toda su herencia, se ve obligado a cuidar una piara de cerdos. Hambriento, comería con gusto el alimento de los chanchos. Se dice a sí mismo: "¡Cuántos jornaleros de mi padre tienen pan en abundancia, mientras que yo aquí me muero de hambre! Me levantaré, iré a mi padre y le diré: 'Padre, pequé contra el cielo y ante ti.'" (*Lucas 15*, 17-18).

Lo que motiva su pedido de perdón es simplemente el deseo de evitar un pobre destino. Éste es el primer grado del despertar moral. ¿Acaso no se dice que el miedo es el principio de la sabiduría?

2- La motivación en el estadio de la desculpabilización de sí por medio del reconocimiento: reducir la angustia de haber sido tomado en falta

El tormento o la angustia que engendra una falta moral, sobre todo cuando es denunciada públicamente, resulta insoportable para ciertos individuos. El que cometió la falta teme que su familia y su comunidad lo rechacen por haber transgredido una norma moral aceptada por el grupo.

Se trata del sentimiento de culpa "genérico" que proviene de la aprensión de ser marginado del grupo o de la familia por haber derogado una de sus reglas. El transgresor tiene la impresión de separarse del "vientre psíquico" del grupo y se imagina que se ha ganado para siempre su reprobación. El miedo de verse aislado del grupo y de morir por ello se apodera de él.

Teme que se le corten los recursos afectivos y materiales que el grupo le procuraba.

El niño que comete una falta es incapaz, por lo común, de mantener en secreto su desobediencia. Al creer que sus padres están dotados de un pensamiento mágico, se siente descubierto por ellos; les pide perdón entonces espontáneamente para aliviar su conciencia angustiada. Hemos constatado también la misma reacción en los adultos. Es el caso de esa esposa que ha cometido una infidelidad. Se muestra incapaz de soportar la mirada presuntamente acusadora de su marido; ella se imagina que él ha adivinado todo sobre su aventura. Se cree ya rechazada, abandonada por él y digna de ser marginada. Se siente entonces obligada a confesar su adulterio.

3- La motivación en el estadio del deber: obedecer los reglamentos y las leyes de la sociedad

En este estadio del desarrollo moral, es el deber dictado por la ley lo que se convierte en última regla de conducta. El hombre de mentalidad legalista desconfía de los sentimientos que podrían regir las relaciones humanas. Prefiere entregarse a un sistema de códigos y de leyes impuesto por las instituciones. Encuentra su seguridad en la salvaguarda de este orden social. El permiso y la prohibición dirigen su conducta.

La transgresión de una ley desencadena en él toda una avalancha de remordimiento y de arrepentimiento. A partir de entonces, busca reparar su falta tomando las medidas necesarias como la de pagar la multa exigida o de realizar un pedido de disculpas público.

Es el caso de un hombre que, en ocasión de una transacción financiera, no había pagado al fisco todo el monto de impuestos que hubiera tenido que desembolsar. En la víspera de su muerte, le pidió a su hijo que devolviera la suma de dinero hurtada al gobierno. Se reconocía culpable y quería ponerse en regla antes de encontrarse con el Juez supremo.

4- La motivación en el estadio de la interdependencia: tomar conciencia del mal que se le hizo al otro

Cuando una persona ha superado el estadio de la simple obediencia a una ley como único motivo de su conducta y se interioriza más, se abre a horizontes morales más vastos, notoriamente a aquel de la comunión con sus semejantes. La intimidad consigo misma le hace descubrir que la intimidad con los otros es igualmente importante. Descubre la capacidad que tiene de "ponerse en su lugar". Ya no los evalúa siguiendo una ley extrínseca sin alma, sino en función de su humanidad y su dignidad comunes.

Una religiosa de Montreal, que organiza encuentros entre víctimas y ofensores, contaba que el milagro se produce por el diálogo entre estas personas. Al intercambiar entre sí, estas personas descubren, tanto las víctimas como los ofensores, su común humanidad. Esto abre la vía a la posibilidad de un pedido de perdón en el ofensor y dispone a la víctima a experimentar la necesidad de perdonar.

A un esposo le daba por humillar a su esposa, por maltratarla constantemente en público. Esta actitud casi sádica ponía a la esposa fuera de sí; comenzó a dudar de ella misma, de su integridad, de su competencia y de su probidad. Cuando ya no pudo más, le suplicó a su marido que consintiera en seguir una terapia familiar. Éste aceptó, convencido de que era ella la causa del problema. En el curso de los encuentros con el terapeuta, ella denunció las condiciones de vida a las cuales la sometía su esposo; los hijos fueron a confirmar los dichos de su madre. El marido, conmovido y emocionado, tomó conciencia del daño y del dolor que infligía a su mujer, así como de la pena y de la tensión que alimentaba en sus hijos. Era la primera vez que se compadecía del sufrimiento moral de su familia. Lamentó las calumnias y las humillaciones que hacía padecer a su esposa. Al haber medido sus errores, solicitó el perdón de toda su familia.

5- La motivación en el estadio de la sabiduría: sufrir por el mal en el mundo e intentar eliminarlo

El hombre sabio apunta a llevar una vida íntegra. Ha llegado a la hora del balance de su vida. Sin caer en el escrúpulo, su sentido moral se ha afinado. Toma conciencia de sus faltas de generosidad, de sus omisiones, de sus negociaciones, de su participación en instituciones "de las estructuras del pecado". Ha adquirido una nueva sensibilidad moral. Rememora la historia de sus errores y del daño que hizo a otros, de manera cada vez más consciente. Antes de su evolución moral, sus faltas pasadas no lo perturbaban en absoluto; ahora, desea implorar el perdón de todos aquellos y aquellas que pudo haber ofendido.

También reconoce en él una "culpa existencial" y toma conciencia de su impotencia para frenar el mal en el mundo. Sin caer en la tensión, se vuelve más sensible al sufrimiento de la humanidad y a sus causas. Su sentimiento de solidaridad universal le hace experimentar de manera aguda los conflictos y los sufrimientos de la humanidad. El cantante y compositor Georges Moustaki decía en una entrevista dada a la televisión: "Nunca seré totalmente feliz mientras el diario me siga trayendo noticias sobre el preocupante estado del mundo."

Compadecerse del estado deplorable del mundo está bien. Algunos, sin embargo, desean hacer algo más para aliviar el sufrimiento humano. Entran al servicio de asociaciones caritativas como la Sociedad de Saint-Vincent-de-Paul, los Discípulos de Emaús, Médicos sin Fronteras, Greenpeace, Amnistía Internacional, etcétera.

El sabio no se satisface con pedir perdón por él mismo. Siguiendo el ejemplo de Cristo crucificado que declara: "Padre, perdónalos, porque no saben lo que hacen", ruega a Dios para que conceda el perdón a los tiranos de la tierra, a los dominadores psicópatas, a los torturadores, a los manipuladores, a los que cometen faltas de guerra y en las discordias... en suma, a todos aquellos y aquellas que se dedican a hacer sufrir a los otros.

Conclusión

A menudo, los moralistas tratan a los humanos como seres unidimensionales cuando en realidad son pluridimensionales. El ser humano está dividido en varias partes que se llaman subpersonalidades. Las subpersonalidades son aspectos del ser humano casi autónomos que se manifiestan en ciertas circunstancias. Representan cuasi identidades autónomas. Tienen sus propios principios morales. Por ejemplo, una persona puede mostrar un aspecto dependiente, un aspecto rebelde, un aspecto decidido, en función de las circunstancias en las cuales se encuentra. Según las subindividualidades en juego, ella vivirá diversas motivaciones que vienen de estadios diferentes.

Por ejemplo, el pedido de perdón del ex-presidente Clinton estuvo motivado sin duda por el temor de ser destituido de la presidencia de Estados Unidos y por la empatía que experimentaba a causa de los sufrimientos morales de su esposa y de su hija. Tenía a la vez motivaciones de supervivencia y motivaciones personales.

Ejercicio

¿Usted se reconoce en las descripciones de los motivos que llevan a pedir perdón?

En caso ' 'mativo, ¿cuál o cuáles son los motivos determinantes para usted?

*¿Puede i. ' *fic ar la o las subpersonalidades en cuestión que, con un mismo impulso, lo incitan a pedir perdón o a resistirse a que lo perdonen?*

Etapa 2: reconocer sus estados de ánimo, distinguirlos con el fin de manejarlos bien.

Ocurre con el sentimiento de culpa lo mismo que con el colesterol,
hay uno bueno y uno malo.
El bueno nos permite vivir en armonía con uno mismo y los demás.
El malo nos arruina la vida. Inútilmente.

MARIE FRANCE, abril de 2003, p. 72

Para pedir perdón con éxito, es necesario reconocer bien la naturaleza de sus estados de ánimo con el fin de distinguirlos y de manejarlos. Para no confundir la aproximación psicológica con la moral, es importante separar los estados de ánimos unos de otros. Es lo que contamos hacer a propósito de los sentimientos de vergüenza y de culpa, del remordimiento, del lamento y del arrepentimiento.

La vergüenza

Existe una vergüenza normal que se experimenta cuando las partes íntimas del cuerpo están expuestas en público; se la designa con el término "pudor". Por el contrario, se trata de una vergüenza enfermiza el creer que su yo profundo es malo. Este sentimiento de vergüenza surge de la conciencia viva de las deficiencias y de las debilidades de su ser. Pero esta vulnerabilidad, esta impotencia, esta deficiencia y esta dependencia son entonces exageradas. El vergonzoso tiene la impresión desagradable de que todas sus debilidades están al desnudo ante los ojos de todos. Por esta razón teme sin cesar ser objeto de la risa del prójimo y, lo que es aún más grave, del rechazo social.

El pedido de perdón suscitado por un sentimiento tal de vergüenza no servirá absolutamente para nada, ni siquiera para aliviar su angustia; el vergonzoso se sentirá siempre sucio o vi-

ciado. Para no quedarse encerrado en su sentimiento debilita-
dor, se le sugiere que realice rituales de purificación como el de
lavarse las manos o hacer abluciones (ver el primer ejercicio al
final de esta sección, p. 57).

A la vez que la persona se ocupa de purificar su cuerpo, tendrá que trabajar en el plano psicológico. Después de reflexionar, descubrirá que no toda su persona tiene vergüenza y que
existe en ella una parte sana muy diferente de la parte vergonzosa. Tomará pues distancia respecto de su parte vergonzosa,
no para rechazarla sino para aprender a aceptarla mejor. La
parte sana de ella misma será entonces capaz de manifestar compasión hacia su parte vergonzosa, le enseñará incluso a amarla
y a integrarla a su personalidad.

El sentimiento de culpa

El sentimiento sano de culpa

La culpa es el estado de una persona que se sabe culpable de
un crimen, de un delito, de una falta o de una ofensa cualquiera. El culpable reconoce haber transgredido una ley o una regla moral. El sentimiento de culpa que deriva de ello es sano
porque es prometedor de un cambio en vista a una conducta
mejor en el futuro: le enseñará a conducirse más humanamente
en el plano individual y social. Actuará como una pequeña luz
roja que le recordará su "deber". Le indicará el camino recto
que debe tomar, le recordará el respeto por las leyes y las bali-
zas morales. Le servirá de alguna manera de vallado.

El sentimiento sano de culpa se disolverá con el reconocimiento franco de su falta y, sobre todo, con el pedido de perdón. Estos lograrán aliviar rápidamente y curar el incómodo
tironeo interior.

El sentimiento malsano de culpa

Por otra parte, existe un sentimiento malsano de culpa que
se asimila habitualmente al remordimiento; es enfermizo, ob-

sesionante y engendra estados morbosos. La persona que vive tal sentimiento de culpa se ve llevada a acusarse sin cesar e incluso a experimentar momentos depresivos.

El perfeccionismo

Una primera forma del sentimiento malsano de culpa es el perfeccionismo, manifestación a menudo ignorada de la desestima de sí. El perfeccionista ha recibido una educación culpabilizadora. Le han repetido: "Puedes hacerlo mejor"; "Mira qué perfecto en todo es tu hermano"; "Lo que se hace hay que hacerlo bien". O, peor aún: "Por culpa de tu nacimiento imprevisto, tuve que sacrificarme toda la vida." ¡Qué carga pesada tener que perdonarse por existir!

Incapaz entonces de aceptarse tal cual es, el perfeccionista está siempre preocupado por su conducta: la quiere conforme en todos los puntos a las normas y a los códigos sociales. A menudo incluso, desea responder a las tendencias de la publicidad. En un artículo publicado en la revista *Marie France* (abril de 2003, p. 73), Patricia Delahaie escribe: "Las mujeres en particular se ven ultra solicitadas por las normas, los modelos que no tienen nada más que ver con la moral." Deben trabajar a tiempo completo, tener hijos, ser anfitrionas irreprochables, cuidar un aspecto físico impecable, ser seductoras y rivalizar con las jóvenes. Cada vez más las adolescentes apelan a la cirugía plástica para tener un cuerpo perfecto según los criterios de la moda. ¡Misión imposible!

Siempre en estado de alerta, el perfeccionista se esfuerza por evitar cometer el menor error o el menor desarreglo de conducta. Fijándose tales parámetros de perfección, se mantiene en un perpetuo estado de estrés. Nadie se sorprenderá de su rigidez y de su irritabilidad respecto de sí mismo y de su entorno.

Un sentimiento de culpa "traficado"

Nuestros sentimientos de culpa esconden a veces otros sentimientos inconfesables, secretos y casi inconscientes, inaceptables a los ojos de la sociedad, tales como la cólera, los celos, la agresividad y el desprecio por los otros. La mayor parte del tiempo, el sentimiento de culpa obsesivo traficado disimula sentimientos reales que no es posible confesarse a sí mismo. Uno descuida, por ejemplo, escribirle a una amiga que se mudó; posterga indefinidamente el momento de llamar a su madre; no tiene tiempo de ir a ver a su hermano al hospital. Repite: "Debería escribirle; tendría que llamarla; tendría que haber ido a visitar a mi hermano." Uno sigue atormentándose repetidamente por todas las omisiones cometidas y, con el correr de las horas, se angustia cada vez más.

El sentimiento obsesivo de culpa hace girar al culpable sobre sí mismo hundiéndolo cada vez más en su obsesión. Un pedido de perdón resulta inútil en estas circunstancias. Hemos previsto, sin embargo, al final de este capítulo, un ejercicio que permite salir de ese círculo infernal de autoacusación.

El remordimiento

El remordimiento, esa "pequeña mordedura de la conciencia", suele confundirse erróneamente con el lamento. Esta mordedura es de orden moral, es repetitiva y está causada por la conciencia de haber actuado mal. El peso del remordimiento se mide con la severidad con la cual el sujeto interpreta su falta respecto de la ley social. Se encontrará así ya odioso, ya digno de venganza y de castigo. El remordimiento es el índice de un sentimiento obsesivo de culpa donde el superyó se vuelve tiránico e impiadoso. Puede ocurrir que el remordimiento conduzca a la desesperación.

Comparemos los efectos del remordimiento a los del arrepentimiento tomando como ejemplos a Judas y a Pedro, personajes del Nuevo Testamento y apóstoles de Jesús. Judas traiciona a Jesus entregándolo a los judíos. El remordimiento lo conduce a la desesperación y al suicidio. Pedro, por su parte, niega ser discípulo de Jesús. Lamenta profundamente su mentira. Se arrepentirá y será perdonado.

En el programa de televisión "Ça se discute" [*Esto se discute*] (6 de diciembre de 2000), el filósofo y profesor Jacques Ricot afirma que, para poder pedir perdón, hay que haber pasado del remordimiento al arrepentimiento. Proponemos, al final de este capítulo, un ejercicio susceptible de transformar el remordimiento en arrepentimiento.

El lamento

El lamento es el dolor, la tristeza o la pena causados por una pérdida o la conciencia de haber actuado mal. Hay que distinguir, sin embargo, el lamento de un acto fallido reprensible y el lamento ocasionado por una interpretación errónea que los demás hacen de sus palabras, sus gestos y sus actitudes. Por ejemplo, Bernard Landry, en aquel entonces primer ministro de la provincia de Quebec, denunció el hecho de que los niños se iban a la escuela sin desayunar. Afirmó que no era algo natural, luego agregó que nunca se había visto que los pájaros se olvidaran de alimentar a su progenie. Unos grupos de mujeres se sintieron tocadas e insultadas por estas palabras. El primer ministro declaró que no quería disculparse por sus palabras sino más bien lamentar la interpretación que estas madres habían hecho de ellas. A los políticos no les gusta pronunciar la palabra "disculpa". Prefieren echarle la culpa a la mala interpretación de las personas involucradas.

El lenguaje religioso reconoce dos clases de lamentos: distingue, por un lado, la atrición o lamento por una falta motivado por el miedo del castigo divino y, por otro lado, la contrición o el lamento por haber ofendido a Dios.

El arrepentimiento

Lo que el arrepentimiento no es

A menudo se malinterpreta la verdadera naturaleza del arrepentimiento. Se tiende a asimilarlo al remordimiento obsesivo.

Ahora bien, el arrepentimiento lo vuelve a uno capaz de recordar su ofensa a la vez que se lamenta su falta en la espera de un perdón.

Muchos identifican el arrepentimiento con una tentativa infructuosa de negar su falta y sus repercusiones. Para ellos, el arrepentimiento no sería después de todo más que una gran ilusión.

Algunos desnaturalizan también el arrepentimiento asimilándolo a un acto de venganza contra uno mismo. Esta concepción crea en el ofensor estados de ánimo estériles y engañadores. En el mismo orden de ideas, otros conciben el arrepentimiento como una suerte de autocastigo. Esto es lo que llevaba al filósofo Spinoza a decir: "El arrepentimiento es una segunda falta."

Otros, por último, piensan que el arrepentimiento no es sino el efecto de un temor no fundado de una reprobación proveniente de una fuerza misteriosa. Sostienen además que el arrepentimiento supone un castigo o una penitencia cualquiera, lo cual lleva al ofensor a hundirse en una angustia sin salida. Por esta razón, dirán: "Es inútil detenerse en el arrepentimiento, tomemos mejor buenas resoluciones para el porvenir."

Es posible preguntarse si la fuente de estas malas interpretaciones sobre la naturaleza del arrepentimiento no es la etimología de la palabra "arrepentimiento". Derivada del latín *pœnitere* que significa "lamentar", "sentir pena", el término arrepentimiento no expresaría toda la rica significación que debería evocar.

La verdadera naturaleza del arrepentimiento

Tal vez habría que crear un nuevo término de una mayor riqueza de sentido que comprendería todos los elementos del arrepentimiento, a saber:

1- Un recuerdo consciente de la ofensa cometida por su autor. El arrepentimiento quiebra el orgullo que lleva a olvidar y a negar su falta. Hace que ésta se lamente con sinceridad.

2- Una capacidad de dar un sentido a la ofensa. Uno es incapaz de cuestionar la existencia de la falta, pero la imagen que uno se ha hecho de ella puede evolucionar de diversas formas. Se tiene la elección de situarla en un contexto más amplio que le daría sentido, por ejemplo: un ladrón detenido y condenado podría desarrollar una mayor conciencia del respeto de la propiedad ajena y aprovechar su estadía en la cárcel para aprender un oficio que le permitiera ganarse la vida. El arrepentimiento se convierte entonces en una experiencia fecunda y rica del sentido, incluso un momento determinante de su evolución moral. ¿Acaso no proclamamos en la víspera pascual: "Dichosa falta la que nos ha valido semejante Redentor"?

3- Una voluntad de reparar las consecuencias de la falta y reformarse. Max Scheler compara el arrepentimiento con "esta fuerza poderosa con la cual el mundo ético se regenera y previene constantemente la muerte" (1959 : 117)

Es importante recordar que el arrepentimiento, a pesar de su aspecto repulsivo a primera vista, ejerce una función liberadora y constructiva.

Ejercicios

Ejercicio para aliviar su sentimiento de vergüenza

La primera parte del ejercicio consiste en identificar lo más precisamente posible la naturaleza del sentimiento de vergüenza experimentado y en hacer abluciones simbólicas para borrar la mancha de la vergüenza.

Comience por hacerse las preguntas siguientes: ¿Qué quiero esconder a los demás? ¿En qué consiste mi vergüenza? ¿Qué parte de mi ser se me aparece como sucia?

Luego, invente un ritual que exprese sensiblemente su vergüenza: pintarse el cuerpo o una parte de éste con pintura al agua y después limpiarse; lavarse las manos; tomar un baño, etc.

La segunda parte del ejercicio apunta a los cuidados psicológicos que hay que darse para restaurar su sentimiento de dignidad. ¿Cómo? Dándose cuenta de que si solamente una parte de mi ser está "manchada", las otras, más numerosas, han permanecido sanas. De este modo habremos salvaguardado la estima de sí y su dignidad.

Las partes del yo que han permanecido sanas se dedicarán, mediante la ayuda del Sí, a acoger a la parte "manchada" y a amarla. Lo harán dialogando con ella: "Te tomo en mis brazos; te toco a pesar del miedo que te tengo; quiero recibirte en el desasosiego y amarte, aun si te sientes indigna de este amor."

Corresponde a usted crear su propio diálogo.

Ejercicios para aliviar las autoacusaciones del perfeccionista

Serie de medidas cognitivas

1. Reduzca sus exigencias respecto de usted mismo: dígase que no puede ser perfecto en todo y en todas partes. No soy ni un superhombre ni una "supermujer".

2. Baje sus parámetros de perfección; evite pensar en términos de *todo o nada*; evite creer que si no logra realizar perfectamente una tarea, es porque es un fracasado o un inútil. Valore sus esfuerzos más que los resultados obtenidos.

3. Reajuste sus prioridades en la vida, tales como alimentarse bien en vez de ayunar para mantener su peso ideal, y acepte perder tiempo antes que comportarse como un adicto al trabajo.

4. Planifique bien sus horarios y resérvese tiempo para sus entretenimientos. Una amiga dejaba siempre un espacio libre en su agenda para los entretenimientos de Marie-Antoinette. Tal era el sobrenombre que se puso a sí misma.

5. Si usted sigue acusándose de pecadillos, imagínese una escena en la que un abogado defiende la parte de usted mismo injustamente acusada. Éste presenta buenas razones por no haber logrado hacer todo lo que habría deseado hacer, ni tan perfectamente como lo hubiera deseado.

Ejercicio para transformar el remordimiento o el sentimiento obsesivo de culpa en un real arrepentimiento

El sentimiento obsesivo de culpa hacia alguien traiciona muy a menudo la presencia de un sentimiento inconsciente de agresividad, de pena, de cólera o de decepción hacia esa persona. Por ejemplo, si usted se siente culpable por no haber llamado por teléfono a su madre, es porque no se permite cultivar respecto de ella un sentimiento de decepción o de fastidio. Habla demasiado de sí misma y de sus enfermedades, y no se interesa por sus preocupaciones. Estos sentimientos más o menos inconscientes son difíciles de detectar y, aún más, de reconocer porque son inaceptables.

El sentimiento de culpa "traficado" nace muy frecuentemente en ocasión de una ausencia prolongada de un ser querido o de una persona amada, de una súbita partida, una ruptura brusca, un caso de suicidio. He aquí el ejercicio apropiado para estos casos.

1.   Imagínese delante de la persona hacia la cual se siente culpable.

2.   Usted le expresa su sentimiento de culpa y las razones por las cuales se siente culpable.

3.   Luego, usted formula sus firmes palabras de la manera siguiente. En vez de decirle: "Me siento culpable", le dice: "Te guardo rencor porque..." Repite la frase: "Te guardo rencor" hasta que cobre todo su sentido para usted.

4.   Cuando haya logrado expresar su agresividad, experimentará un claro alivio por haber exteriorizado las emociones reprimidas. Puede terminar su diálogo interior de la manera siguiente: "Te quiero porque..."; "Estoy triste por tu partida porque..."; "Me hubiera gustado que habláramos antes de despedirnos..."

Etapa 3: "El arrepentimiento del ser" y la reintegración de sus sombras

*No es mirando la luz como uno se vuelve luminoso
sino sumergiéndose en su oscuridad.
Pero este trabajo es a menudo desagradable,
por lo tanto impopular.*

CARL JUNG

Presentamos aquí en primer lugar el relato de una experiencia vivida durante una enseñanza acerca de la sombra de la personalidad. Una estudiante llamada Marie nos contó llorando una pesadilla que la seguía perturbando después de despertarse. En su sueño, Marie, de naturaleza calma, tranquila, casi demasiado maternal, vio a una especie de monstruo decidido a agredirla; presa del pánico, tomó una piedra y le partió el cráneo. El monstruo que acababa de matar le recordaba a una persona del curso. Le sugerimos que designara a esa persona, pero ella se negó categóricamente.

Hicimos un tramo de terapia con ella, con la convicción de que el monstruo formaba parte de su sombra. Ella consintió, pues, a dialogar con ese ser espantoso. Comenzó haciéndole la pregunta siguiente: "¿Por qué quieres destruirme?". Y el monstruo le respondió: "Odio tu actitud dulzona, tu rabia disimulada, tu conducta artificial con la gente." Marie le replicó: "¿No podríamos entendernos negociando? Te veo agresivo y violento. ¿Deseas tener mi dulzura y mi comprensión?" El monstruo aceptó y le suplicó que tomara a cambio un poco de su agresividad y de su violencia con el fin de aliviarlo de esa carga. Una vez concluida la negociación, Marie besó su sombra.

Le hemos preguntado a Marie cómo veía en adelante a la estudiante apática sobre la que ella había hecho una proyección negativa. Marie respondió que la veía menos monstruosa y que tendría ganas de encontrarse con ella para pedirle perdón por haberla odiado. Ante nuestra invitación, Marie se adelantó hacia la persona y, llorando, se arrojó en sus brazos pidiéndole perdón.

Arrepentimiento del ser y reintegración de sus sombras

El arrepentimiento proviene de un sentimiento de pesar, de tristeza por haber cometido una falta hacia alguien y del deseo de repararla. El filósofo alemán Max Scheler, en el capítulo "Arrepentimiento y renacimiento" de su obra *Le sens de la souffrance* [El sentido del sufrimiento], hace una distinción entre el arrepentimiento del acto y el arrepentimiento del ser. El arrepentimiento del acto corresponde a la definición dada más arriba (ver p. 55); el arrepentimiento del ser, por su parte, provoca en el ofensor una conversión de su ser, una transformación en profundidad de éste, como se ha producido en Marie. Por ejemplo, si un criminal lamenta el daño que ha cometido y tiene la intención de repararlo, practica el arrepentimiento del acto. Si, por lo demás, desea transformar sus vicios en virtudes, iniciará la cura de sus malas tendencias y, con lo mismo, una verdadera conversión de su ser; en suma, habrá realizado "un arrepentimiento del ser". A pesar de la nítida distinción que ha hecho, Max Scheler hubiera podido explicar más la manera de realizar el arrepentimiento del ser. Para completar la presentación de Scheler, propondremos, pues, al ofensor transformarse por medio de la reintegración de sus sombras.

En cada uno de nosotros se encuentran ofensas pasajeras y aisladas que pueden repararse mediante un simple "arrepentimiento del acto". Por el contrario, si se trata de hábitos bien anclados (por ejemplo, el alcoholismo), de perversiones tenaces y de obsesiones destructivas (por ejemplo, la envidia, la violencia, la humillación al prójimo, etcétera), es necesario operar en profundidad cambios psicológicos y espirituales. El pedido de perdón debe estar acompañado por una firme decisión de no recaer.

Tomemos el caso trágico de un esposo que había adoptado el hábito de engañar a su esposa con jóvenes prostitutas. Se había convencido de que una aventura sexual pasajera no era muy grave. Se disculpaba por sus actos de infidelidad, pues, fácilmente, diciéndose: "Todo el mundo lo hace. ¿Por qué yo no?"

Por más que intentó ocultar sus escapadas libertinas, un día su esposa lo sorprendió y lo amenazó con el divorcio. Él le expresó su profundo pesar y le pidió perdón; reconoció su falta a su confesor, de quien recibió la absolución seguida de la admonición de no volver a hacerlo. Pero, una vez que le perdonaron su falta, la tentación de una nueva aventura comenzó a obsesionarlo de nuevo. Luchó desesperadamente para no ceder a ella, pero al final, cansado de combatirla, sucumbió una vez más.

Después de esta escapada, aunque no lo habían descubierto, lamentó su gesto con amargura, se arrepintió y adoptó buenas resoluciones. Había cumplido con el "arrepentimiento del acto", pero no con el "arrepentimiento del ser". ¿Qué deberá hacer para operar un cambio psicológico y espiritual? Según nuestra opinión, este infiel inveterado está preso de una sombra inconsciente que lo lleva a caer una y otra vez. ¡Ay! No es el único que se encuentra en esta situación. Muchos prometen sinceramente no sucumbir más, pero son prisioneros del complejo de la sombra. Para realizar el arrepentimiento del ser y curarse de su mal, deberán aprender a reintegrar sus sombras personales. ¿Pero qué significa, pues, ser prisionero de un complejo de la sombra?

Es de vital importancia para el arrepentido no solamente lamentar su falta o su crimen, sino descubrir las raíces inconscientes de su mal que lo llevan a actuar así. Según nosotros, la reintegración de nuestras sombras resulta ser el proceso esencial en vista a transformar su conducta y alcanzar una buena estima de sí, condición previa al respeto del prójimo.

Reintegrar sus sombras en vista a acceder al arrepentimiento del ser

El nacimiento del complejo de la sombra en el inconsciente

La sombra, ¿qué es exactamente? La sombra es todo lo que hemos reprimido en el inconsciente por temor a ser rechazados por aquellos y aquellas que han desempeñado un papel primordial en nuestra educación. Tuvimos miedo de perder su afecto, de chocarlos o de irritarlos con las alteraciones de nuestra conducta, nuestras actitudes antisociales o nuestros comportamientos extraños. Nos dimos prisa en discernir lo que era aceptable a sus ojos y lo que no lo era. Entonces, para gustarles, nos hemos apurado en relegar amplias porciones de nosotros mismos en las mazmorras del inconsciente. Hemos reprimido nuestras emociones, minimizado nuestras cualidades, disimulado actitudes y hasta enterrado algunos de nuestros talentos, todo esto para evitar la menor desaprobación verbal o tácita. Hemos preferido la comodidad de nuestros educadores a nuestro propio crecimiento.

Sensibles a la apreciación ajena, nos hemos mostrado gentiles, corteses, correctos. Nos construimos por lo tanto una personalidad de superficie, una *persona* rigurosamente conforme a los reglamentos, a los códigos morales o culturales del entorno. Pero para llegar a eso, tuvimos que reprimir todo lo que podía parecer desviante, vergonzoso o reprensible a los ojos de los demás. En consecuencia, nos hemos esforzado por disimular emociones, sentimientos, cualidades, talentos y actitudes susceptibles de disgustar o de alterar a aquellos y aquellas que amábamos y de quienes dependía nuestra supervivencia psicológica y espiritual.

Ciertos medios consideran "bien", en efecto, dedicarse a los demás, mientras que pensar en sí está mal visto y es signo de egoísmo. Obedecer está valorizado, pero afirmarse no lo está para nada. Ser dulce queda bien, mientras que enojarse molesta. Fingir disimular toda inclinación sexual está bien recibido. Pero mostrarlo por poco que sea está reprobado, etcétera.

Poco a poco, en el curso de los años, se construyó en el fondo de nosotros mismos un vasto mundo subterráneo hecho de represiones y de inhibiciones. El poeta norteamericano Robert Bly afirma que pasamos los primeros treinta años de nuestra vida construyendo nuestra sombra o, como la llama él, nuestra "bolsa de basura".

La naturaleza de la sombra

La sombra se presenta como un complejo casi inconsciente de imágenes, de diálogos y de emociones. Casi autónomo, crea en nosotros subpersonalidades difíciles de reconocer; la sombra suscita en él obsesiones y pulsiones que nuestra *persona* combate en vano. En tanto y en cuanto este complejo no se haya reconocido e integrado, es fuente de angustias, de fascinaciones incomprensibles. Provoca tanto simpatías como antipatías irracionales y desbordamientos de la conducta.

Al final, nos encontramos sentados encima de un volcán psíquico que amenaza de un momento a otro con hacer erupción. Esta energía psíquica comprimida, pero siempre vivaz y activa, es lo que llamamos sombra. Liliane Frey-Rohn la describe así: "La sombra es ese oscuro tesoro hecho de elementos infantiles de nuestro ser, nuestros apegos, nuestros síntomas neuróticos, en fin, nuestros talentos y nuestros dones no desarrollados. Su tarea es el contacto con las profundidades ocultas de nuestra alma, con la vida, la vitalidad y la creatividad" (Zweig, 1991: XVII).

Lejos de ser estéril o inactiva, esta entidad salvaje e inculta de nuestro ser pide sin cesar que la reconozcan, valoricen, exploten, cueste lo que cueste. ¡Desdichados aquellos que siguen ignorando su existencia! A la manera de un torrente tumultuoso, un día u otro ella forzará la puerta de entrada del consciente y lo invadirá en su estado salvaje.

Los efectos desastrosos de una sombra no reconocida y no reintegrada

Cuando la sombra no es reconocida y reintegrada, podemos esperar tener ciertas perturbaciones funcionales de la personalidad tales como crisis de angustia, desdoblamientos de la personalidad, miedos y fobias inexplicables, obsesiones y pasos al acto súbitos e imprevistos, malestares sociales, antipatías respecto de ciertas personas o de ciertas razas. Resultaría demasiado largo enumerar aquí los efectos perjudiciales del complejo de la sombra sin cultivar.

En su naturaleza, la sombra no tiene nada de malvado. Abandonada en el inconsciente y despreciada en un estado de inmadurez e incluso de salvajismo, tiene el carácter de un ser que sufre una regresión y que no está civilizado. El complejo de la sombra no es en sí malo, pero puede encontrarse en el origen de acciones malas o inmorales, de faltas de todo tipo y de gestos antisociales.

Es urgente, pues, ocuparse de la sombra, darle maneras aceptables de expresarse e integrarla armoniosamente en el conjunto de la personalidad.

Ejercicios para reconocer y reintegrar nuestras sombras

Muchos son quienes no se atreven a pedir perdón porque son incapaces de garantizar que no van a reincidir. Con la reintegración de su sombra, estarán a la altura de cumplir con el arrepentimiento del ser. Podrán presentarse al ofendido como una persona transformada, menos tentada de repetir su ofensa.

Nuestras obras *Domesticar nuestra sombra* y *Estrategias para desarrollar la estima de sí y la estima del Sí* ofrecen varias estrategias que permiten reconocer nuestras sombras y reintegrarlas. Presentamos aquí tan sólo algunas de ellas.

Ejercicios para reconocer nuestras sombras y, por lo mismo, descubrir el costado oculto de nuestra personalidad

He aquí siete preguntas que lo ayudarán a discernir poco a poco el contorno de sus sombras, las cuales son, repitámoslo, una realidad evanescente que no se deja pues captar fácilmente. Usted acaso se diga: ¿por qué tantas preguntas? Porque usted necesitará varias respuestas convergentes para descubrir las diversas facetas de su sombra.

Primera pregunta

La primera pregunta está compuesta por dos partes. ¿Cuáles son los aspectos más halagadores de su ego social que le gustaría que le reconocieran? Pregúntese luego cuáles son las cualidades o rasgos contrarios que usted ha tenido que reprimir para poner en evidencia estos aspectos halagadores de su ego.

Su pregunta revelará la imagen social de usted mismo que le importa dar a su entorno. Dicho de otro modo, ella indicará los rasgos o cualidades de su personalidad que desea ardientemente ver reconocidos por él.

Por ejemplo, si ha deseado pasar por ser una persona dulce, generosa y sonriente, es muy probable que haya tenido que disimular su agresividad, su egocentrismo y sus ataques de malhumor. Estas cualidades o rasgos de carácter que ha reprimido constituyen de hecho las diversas facetas de su sombra.

Si tiene el coraje de hacerlo, identifíquese con los diversos aspectos de su sombra diciéndose por ejemplo: "Soy agresivo; soy egoísta; estoy de malhumor." Permanezca atento a las emociones que surgen en usted en el momento mismo en que pronuncia estas palabras. Las reacciones emotivas podrán ser muy diversas; algunos dirán: "Me siento confundido"; otros admitirán: "¡Nunca hubiera sospechado en mí este rasgo, puesto que lo consideraba como un defecto del que tenía miedo!"

Segunda pregunta

¿Qué tema(s) de discusión tiene tendencia a evitar en sus conversaciones? ¿Serán acaso temas tales como la sexualidad, la agresividad, la fe, las ambiciones, la incompetencia, etcétera? Lo que es seguro es que los temas que usted esquiva revelan su miedo de develar un lado vergonzoso de usted mismo. A menos que tenga plena confianza en su interlocutor, usted se sentirá muy incómodo al abordar con él tales temas.

Por otra parte, el día en que haya logrado iniciar una conversación sobre estos temas tabúes con un auditor discreto y digno de confianza, usted ya habrá logrado domesticar una parte de su sombra.

Tercera pregunta

¿En qué situaciones tiene usted el sentimiento de ser inferior o de que le falta confianza en usted mismo? La mayor parte del tiempo, ¿no le ocurre todas las veces en las que no se siente a la altura de la situación, es decir, lo suficientemente competente, articulado, inteligente, discreto, etcétera?

Durante mis estudios de psicología, me encontré con un grupo compuesto principalmente por artistas. No encontraba explicación a mi malestar constante en su presencia, hasta el momento en el que me di cuenta de que había descuidado e incluso reprimido la expresión artística de mí mismo.

Cuarta pregunta

¿En qué situaciones siente vergüenza? ¿Cuándo siente el pánico apoderarse de usted ante la idea de mostrar una deficiencia o una debilidad? ¿Se siente incómodo si le piden, a quemarropa, que realice una actividad cualquiera como hablar o cantar en público?

Quinta pregunta

¿Se ve llevado a ofuscarse por una crítica que le hacen? ¿Qué tipo de críticas lo fastidian o lo irritan incluso?

Su viva reacción a una observación señala una vez más que una faceta de su sombra acaba de ponerse al desnudo. Si sus seres queridos le hacen con frecuencia la misma crítica y usted reacciona cada vez con igual vivacidad, es un signo de que ellos están develando un aspecto de usted mismo que ha ocultado y que no tiene interés alguno en mostrar.

Otra hipótesis podría explicar su reacción excesiva: usted siente que es el "chivo expiatorio" de un grupo. Su reacción excesiva lo invitaría a usted a preguntarse lo que en usted pudo haber incitado a su entorno a elegirlo como el depositario de su sombra.

Sexta pregunta

¿A propósito de qué se siente alterado o insatisfecho de usted mismo? ¿Será, por ejemplo, a propósito de su aspecto físico o de un rasgo de carácter?

De ser así, es probable que usted busque disimular cualquier deficiencia o algo que usted interpreta como una debilidad. Por el contrario, es posible que su *persona* le imponga un ideal de éxito, de belleza o de perfección imposible de alcanzar y que, en consecuencia, usted se esfuerce por inhibir todo aquello que exigiría la persecución de tal ideal.

En definitiva, la aceptación de sus imperfecciones, de sus defectos, de sus deficiencias y de sus errores demostrará que usted ha comenzado a domesticar su sombra. ¿Acaso no será éste el preludio de una sabiduría cuyo nombre es humildad?

Séptima pregunta

¿Por medio de qué cualidad su familia se distinguía en su medio? Toda familia presenta un rasgo característico. Así, se dirá de los Monbourquette que son personas honestas, de los Tremblay, que son valientes, de los Royer, que son hospitalarios.

Para identificar a su sombra familiar, usted no tiene más que encontrar la cualidad opuesta a la cualidad reconocida por el entorno. Por ejemplo, para que una familia pueda mantener su reputación de honestidad, habrá tenido que renunciar a dar prueba de cierta astucia o diplomacia; para conservar la de valiente, tendrá que haber reprimido toda manifestación de miedo; para obtener una fama de trabajadora, habrá tenido que privarse de casi todo entretenimiento. En cuanto a los Royer, para practicar la hospitalidad de una manera permanente, habrán renunciado a proteger indebidamente sus fronteras familiares.

Su sombra familiar reside, pues, en aquello que su familia no se ha permitido vivir y expresar.

Ejercicios para reintegrar sus sombras

Proponemos aquí ejercicios simples para la reintegración de la sombra. Los casos de desviaciones sexuales, de alcoholismo, de obsesiones antisociales, de otras enfermedades psíquicas graves, exigirían la ayuda de un profesional versado en el tratamiento de la reintegración de las sombras. Sería casi imposible tratarse solo, sin la ayuda de un profesional competente.

1. La reintegración de la cualidad opuesta a la sombra en la persona:

Responda la primera pregunta para ayudar a reconocer sus sombras (p. 66).

Usted ha develado su cualidad dominante (la cualidad de su *persona*) y la cualidad inversa (la cualidad de la sombra).

He aquí otros ejemplos de cualidades de la *persona* contrarias a las cualidades deseadas, pero enterradas en la sombra.

La cualidad o el rasgo de la *persona* correspondiente a...	La cualidad o el rasgo deseado que se halla en la sombra
generosidad	pensar en sí
dulzura	cólera
extraverción	introverción
expresividad	modestia
discreción	apertura
apertura al aprendizaje	orgullo de mostrar sus talentos
aliento	capaz de acoger una crítica objetiva
afirmación	sometimiento
etcétera	etcétera

Compruebe si las cualidades o los rasgos de la *persona* son verdaderamente opuestos a los rasgos y a las cualidades de la sombra. Usted los reintegrará de la siguiente manera.

Una vez encontrada la cualidad o el rasgo que se acurruca en la sombra (por ejemplo, la necesidad de descansar) así como la cualidad o el rasgo opuesto perteneciente a la *persona* (por ejemplo, la "laburomanía" o un excesivo espíritu de trabajo), usted recurrirá a un pequeño ritual para ayudarse a simbolizar y a integrar las cualidades opuestas. He aquí las etapas a seguir en la realización de este ritual:

Separe ambas manos a una distancia de aproximadamente treinta centímetros.

Imagine que pone en la mano dominante (la mano derecha si se es diestro, la izquierda si se es zurdo) una cualidad o un rasgo que la *persona* es consciente de poseer; luego, en la otra mano, la cualidad o el rasgo deseado que está enterrado en la sombra.

Dialogue vez a vez con cada una de las manos. Reconozca la cualidad o el rasgo, acéptelo y, de ser necesario, si tiene dificultad en aceptar su existencia, reconcíliese con la cualidad o el rasgo.

Concéntrese bien en usted mismo y pida al Sí "integrador" que armonice estas dos cualidades o rasgos de apariencia contraria de modo de manifestar la complementariedad.

Deje que sus dos manos se acerquen.

Permanezca atento a la unión de las manos. Simboliza la integración de lo que se está haciendo entre las cualidades o rasgos contrarios. Vele por no forzar el desarrollo del proceso ni buscar explicarlo.

Pida al Sí que continúe y termine su trabajo de integración de ambas cualidades o rasgos en los días, las semanas y los meses por venir.

Para terminar, abandone poco a poco su estado de concentración y tome conciencia de los sonidos, de los colores y de los olores del ambiente.

2. La reintegración de las proyecciones hechas sobre el otro

Hay que recordar que una proyección es un mecanismo de defensa. Consiste en imaginar que uno ve en el otro un elemento inconsciente (defecto, emoción, rasgo de carácter, etcétera) que uno ha disimulado en la sombra. La proyección actúa como un espejo negativo o positivo cuyo reflejo uno imagina ver en el otro.

Para reintegrar en usted las proyecciones que realiza sobre los otros, siga estas directivas:

a) Describa a una persona que le resulta antipática, y más precisamente la cualidad o el rasgo negativo que usted encuentra en ella y que lo asusta, lo pone nervioso o le repugna.

b) Luego esfuércese por descubrir qué puede tener de positivo esta cualidad o este rasgo negativo. Dicho de otro modo, intente descubrir en la escoria "la perla escondida".

He aquí algunas ilustraciones de este procedimiento.

El aspecto positivo que sería posible develar en una actitud juzgada como "hipócrita" en alguien podría ser discreción o diplomacia.

Pensándolo bien, el aspecto "dominación orgullosa" de una persona podría significar su deseo de ser responsable. Se trataría entonces para ella de aprender a usar su rasgo de carácter sin caer en el exceso.

Otro medio para encontrar el aspecto positivo de una cualidad o de un rasgo negativo es preguntarse: "¿Qué puedo esperar de tal persona?" Si, por ejemplo, la odia por su pereza, podrá aprender de ella a volverse usted mismo más "perezoso", es decir, a descansar, a relajarse, a acostumbrarse a hacer un poco menos, a tomar pequeñas vacaciones, en suma, a disponerse en vista a trabajar mejor.

c) Después de haber hallado la cualidad o rasgo positivo, enmascarado no obstante por el comportamiento odioso de la persona antipática, será conveniente que se pregunte si usted mismo no necesitaría esa cualidad o ese rasgo para equilibrar el lado excesivo de su temperamento. Por ejemplo, si usted es reconocido por su generosidad muy grande, va a odiar a Albert a quien considera "egoísta". Buscando descubrir el reverso positivo del egoísmo, descubrirá, por ejemplo, la necesidad de "cuidar más de sí".

Así, para equilibrar su generosidad demasiado grande, que a la larga lo agotará, convendría que pensara más en usted mismo y que supiera preguntarse lo que conviene o lo que no conviene.

He aquí ahora algunos otros ejemplos de cualidades o rasgos de la *persona* contrarios a las cualidades o rasgos deseados, pero enterrados en la sombra.

La cualidad o el rasgo deseado que se halla en la sombra	La cualidad o el rasgo de la *persona* correspondiente a...
pensar en sí	generosidad
cólera	dulzura
introversión	extraversión
modestia	expresividad
apertura	discreción
orgullo de mostrar sus talentos	apertura al aprendizaje
capaz de acoger una crítica objetiva	aliento
sometimiento	afirmación

Compruebe si las cualidades o los rasgos de la *persona* son verdaderamente opuestos a los rasgos y a las cualidades de la sombra.

d) Una vez hallada la cualidad o el rasgo deseable acurrucado en la sombra (la necesidad de descansar) así como la cualidad o el rasgo opuesto perteneciente a la *persona* (por ejemplo, la "laburomanía" o el hábito de trabajar excesivamente), recurra a un pequeño ritual.

Usando ambas manos, simbolice el acoplamiento eventual de las cualidades o rasgos opuestos y, a continuación, su reintegración.

He aquí las etapas a seguir en este ritual:

Imagine que pone en la mano dominante (la mano derecha si se es diestro, la izquierda si se es zurdo) una cualidad o un rasgo que la *persona* es consciente de poseer; luego, en la otra mano, la cualidad o el rasgo deseado que está enterrado en la sombra.

Dialogue vez a vez con cada una de las manos. Reconozca la cualidad o el rasgo, acéptelo y, de ser necesario, si tiene dificultad en aceptar su existencia, reconcíliese con la cualidad o el rasgo.

Concéntrese bien en usted mismo y pida al Sí "integrador" que armonice estas dos cualidades o rasgos de apariencia contraria de modo de manifestar la complementariedad.

Deje que sus dos manos se acerquen.

Permanezca atento a la unión de las manos. Simboliza la integración de lo que se está haciendo entre las cualidades o rasgos contrarios. Vele por no forzar el desarrollo del proceso ni buscar explicarlo.

Pida al Sí que continúe y termine su trabajo de integración de ambas cualidades o rasgos en los días, las semanas y los meses por venir.

Para terminar, abandone poco a poco su estado de concentración y tome conciencia de los sonidos, de los colores y de los olores del ambiente.

Conclusión

Pedir perdón implica la voluntad de no volver a repetir la falta. Ahora bien, la única garantía que el ofensor puede ofrecer es la de transformarse profundamente aceptando la parte mal amada de su ser, su sombra. Por medio de su conversión, su "arrepentimiento del ser" le dará seguridad al ofendido de su buena voluntad de no reincidir.

Etapa 4: perdonarse a sí mismo porque uno es digno de perdón

> *Un ser forzado a mirarse fuera de la dulce piedad de Dios*
> *no puede sino caer en el odio y en el desprecio de sí.*
> GEORGES BERNANOS

Saberse digno de perdón

¡Ustedes son dignos de perdón! Recuerden que ya han sido perdonados varias veces en su vida. Esta toma de conciencia los ayudará a perdonarse a ustedes mismos, pues ocurre con el perdón lo mismo que con el amor. La persona incapaz de dejarse amar o de reconocerse como amable nunca estará en condiciones de amar a los otros. Del mismo modo, si un penitente quiere perdonarse pero no llega a sentirse perdonado por otros, ¿cómo conseguirá perdonarse a sí mismo? Dejen, pues, caer sus resistencias para dejarse amar en profundidad y en dejarse perdonar por los demás, en particular por su propio Sí. Éste es el desafío al cual están invitados.

Sentirse digno de perdón

La experiencia de sentirse perdonado es indescriptible. Las palabras nos faltan para expresar su riqueza, su profundidad y su intensidad. No se puede comparar con ninguna otra experiencia, ni siquiera con la del amor, la gratitud, la alegría, el éxito, el encuentro entre amigos y la pasión misma. Desencadenada por el Sí que experimenta un amor incondicional por ustedes, se une a su Yo en lo más profundo de su ser. En virtud de esto, se la califica como una experiencia fundamental y trascendente.

Ocurre, sin embargo, que algunos no sientan este *fundamental feeling*. El encontrarlo es una experiencia conmovedora. Yo, Jean, lo he encontrado durante una sesión sobre la utilización de historias y anécdotas con fines pastorales. En una sala donde se apiñaban más de cuatrocientos sacerdotes, ministros, religiosos, religiosas y pastores, John Shea, teólogo célebre por su talento de narrador, nos hizo revivir el relato de la parábola del hijo pródigo. Al principio, no me sentía muy interesado en oír esta parábola por enésima vez. Ahora bien, resulta que me dejé cautivar por el narrador al punto de derramar lágrimas. Y no era el único. Cuando salí de la fascinación del narrador, me di cuenta de que casi toda la sala estaba llorando. Algunos sollozaban tanto que sus compañeros creyeron necesario consolarlos. John Shea, gracias a su talento de narrador, había logrado reavivar en sus auditores la experiencia fundamental de ser amado y perdonado.

Sin embargo, no se puede suscitar semejante sentimiento a fuerza de voluntad; además, no se siente amado hasta el perdón todo el que quiere. Lo único que se puede hacer es prepararse para recibir esta gracia tan especial que está emparentada con la de la conversión. ¿No nos enseña el Evangelio que los convertidos son los que se dejaron amar a pesar de su pobreza, mientras que los endurecidos son los que se negaron a dejarse amar y a perdonarse? Por un lado, vemos a personas tales como María Magdalena, Mateo y la samaritana aceptar ser tocadas por el amor misericordioso de Cristo; por otro lado, se constata que los escribas y los fariseos, Simón y el deudor impío, así como tantos otros bien pensantes han permanecido insensibles al amor y al perdón de Dios.

¿Hay que ser cristiano para perdonarse?

Un cristiano, que cree en el don de la vida divina en él, acogerá más fácilmente la gracia del perdón porque se sabe habitado por el amor de su Dios. Su Yo profundo ya está "gratificado" y animado por ese amor. Tendrá verosímilmente una viva conciencia de ser amado por él mismo sean cuales fueren sus faltas, sus flaquezas y sus traiciones. Si, en su oración, ofrece con humildad las partes de él mismo en lucha unas contra otras, tendrá mayor seguridad de recibir un perdón curativo.

¿El perdón otorgado a sí sería acaso un privilegio reservado sólo a los creyentes? Ciertamente no, pues todo ser humano posee un Sí espiritual, un alma habitada por lo divino que lo vuelve apto para perdonarse. Pero demasiado a menudo, creyentes o no creyentes dudan del amor del Sí y descuidan presentar sus ofensas al amor del Sí. No logran liberarse de la imagen de un Dios vengador o de una fatalidad imperturbable. No confían en el perdón incondicional del Sí, habitáculo del Espíritu de Amor. Por eso, el perdón a sí mismo se vuelve imposible.

Ejercicios

I- Ejercicios para sentirse digno de ser perdonado

El aceptar el perdón dado de manera incondicional representa el principio de una gran aventura en su vida. Usted puede prepararse para ella, pero no puede comandar esta gracia del perdón.

Para llegar a ella, le propongo dos ejercicios susceptibles de ponerlo en estado de *recibir* simplemente. Aun siendo generosas, ciertas personas demasiado activas nunca aprendieron a recibir y todavía menos a dejarse mimar. Se sienten más seguras y dueñas de ellas mismas cuando dan. Toleran mal el sentimiento de dependencia que implica la situación de recibir.

Primer ejercicio

Dese el gusto de recibir y de acoger todas las sensaciones agradables que la vida le ofrece hoy: el olor de las tostadas, el aroma del café, el calor del sol, un bello paisaje, la vista de un árbol, los colores de las estaciones, el sentimiento de estar vivo, la audición de una bella obra de música, etcétera. Sumérjase en esas sensaciones y deje que todo su ser se impregne con ellas, por lo menos algunos minutos cada día.

Segundo ejercicio

Este ejercicio apunta a reforzar su disposición para *recibir*. Adopte una posición cómoda. Luego acuérdese de todas las muestras de atención y de afecto que ha recibido en el curso del día: pequeñas disculpas, perdones, saludos, halagos, rostros que se iluminan al verlo, señales de agradecimiento, carta de un amigo, acogida entusiasta de sus amigos, de su mascota, etcétera. ¿Cómo ha recibido estos regalos habituales de la vida? ¿Se ha tomado el tiempo necesario para dejar que la alegría de recibir surja en usted, con el fin de que eche raíces en su afectividad? ¿Se ha tomado el tiempo de celebrarlos por fin?

2- Ejercicio de visualización para aprender a perdonarse

Si nuestro corazón llegara a condenarnos,
recordemos que Dios es más grande que nuestro corazón,
y que conoce todo...
1 JUAN 3, 20-21

Es difícil mirarse y volver a ver las faltas sin estar tentado de caer en la desesperanza. Sea cual fuere la ofensa o el crimen cometido, es necesario que usted deje que la paz entre en su interior con la gracia del perdón. Pedir perdón sin humillarse pasa necesariamente por esta etapa de armonía, de paz y de serenidad. Esta solicitud del perdón a sí mismo no debería convertirse en un acto de rebajamiento y de humi'' ción de sí sino, por el contrario, en una renovación de la estima de sí, un acto de liberación interior y de reconciliación.

Adopte una posición cómoda. Entre cada vez más profundamente dentro de usted mismo tomando conciencia de su respiración.

Póngase en presencia de su Sí que lo ha perdonado o, si es creyente, de su Dios de bondad y de misericordia siempre dispuesto a perdonar.

Renueve su intención de sentirse liberado de toda desestima y de todo odio por usted mismo. Prepárese para recibirse con amor y compasión.

Ha llegado el momento de desistir de todo sentimiento de cólera y de desestima hacia usted mismo. Deje que todos estos sentimientos destructivos se desvanezcan.

Rechace toda tentación de rebajarse, de acusarse, de compararse, de creerse superior o inferior a los demás.

De una vez por todas, dese permiso para ser usted mismo.

Tome conciencia de los momentos en los que se ha sentido rechazado por usted mismo y en los que vivía fuera de su propio corazón.

Invite lentamente a su corazón (su Sí) a recuperarse, a amarse de nuevo y a hablar con dulzura a la parte mal querida de usted mismo: "Te perdono tus debilidades, tu humanidad herida, tus aspiraciones desmedidas, todas tus faltas. Te perdono. Te perdono."

Deje que su corazón (su Sí) le diga: "(Su nombre......), te recibo en mí. Quiero hacerte un vasto lugar. Te perdono; te perdono..."

Eso es. Borre todo juicio desfavorable y toda amargura hacia usted. Haga desaparecer todo sentimiento de dureza hacia usted mismo.

Siga recibiéndose con amabilidad y amor, como lo haría con un hijo o un amigo íntimo. Haga aún más lugar en su corazón y mírese envolverse de luz y de calor.

Es posible que se sorprenda juzgándose de una manera demasiado indulgente, al punto de sentirse perturbado. Acoja entonces cualquier juicio severo que tendiera a impedirle perdonarse. Recíbalo y déjelo derretirse al calor benéfico de su corazón.

Sienta poco a poco ablandarse su corazón y volverse más tierno hacia usted.

Comience a disfrutar de la alegría de perdonarse y del nacimiento de una nueva libertad interior. El alivio que experimentará le hará comprender la futilidad de seguir guardándose rencor.

Deje que la comprensión y la estima de usted mismo, la paz y la compasión de su corazón impregnen todo su ser.

Poco a poco, salga de usted mismo a su propio ritmo; tome conciencia de lo que lo rodea.

Etapa 5: ¿qué sucede con una falta secreta, ignorada por el ofendido?

> *Todos los hombres tienen secretos [...]*
> *que no se atreven a revelar siquiera a sus amigos,*
> *sino solamente a ellos mismos en la intimidad de su conciencia.*
> *Hay algunos incluso que temen confesárselos a ellos mismos.*
> FIÓDOR DOSTOIEVSKI

Una ofensa conocida por el entorno y el público exige por lo menos una explicación y, luego, un pedido de perdón. ¿Pero qué sucede con las faltas clandestinas conocidas solamente por su autor? Hablamos aquí de las faltas deliberadas y descartamos las faltas cometidas de manera inconsciente, cuyo estudio rebasaría el marco de la presente obra.

Un refrán muy conocido afirma: "No hay que decir siempre toda la verdad." ¿El ofensor debe revelar sus faltas a las personas en cuestión o debe mantenerlas en secreto?

La necesidad de confesar las faltas

El barbero del rey Midas no pudo guardar el secreto
que había escondido bajo tierra:
"Midas, el rey Midas tiene orejas de burro",
secreto que fue repetido por los juncos que crecieron en ese sitio.
MITOLOGÍA GRIEGA

Poco se habla de la necesidad de confesar las faltas. Por lo demás, la necesidad de liberarse de los secretos que obsesionan y pudren el mundo interior es una necesidad real y urgente. Se deja de lado el confesionario, pero se lo reemplaza a menudo con lugares donde las confesiones individuales resultan ser muy populares: toda clase de terapeutas hacen ahora fortuna, porque las personas sienten un deseo imperativo de confiarse a un oído atento que no juzga. Es como si el terapeuta solo hubiera adquirido el poder de escuchar, de acoger, incluso, nos atreveríamos a decir, de perdonar las faltas de sus pacientes. En los medios de comunicación sobre todo, observamos abusos de confesiones públicas.

Bajo el pretexto de la transparencia y de la autenticidad, algunos están dispuestos a destapar su vida privada de atrás para adelante. Hay psicólogos que alientan esto, apelando erróneamente al adagio: "Todo lo que no se expresa se imprime en tensiones y degenera en enfermedades psicosomáticas."

Programas de televisión como "Vie privée et Vie publique" [*Vida privada y vida pública*], "Loft Story" [*Historia de loft*] o "Tout le monde en parle"[*Todo el mundo habla de eso*] atraen a un público de *voyeurs*: una mujer casada se jacta de sus proezas sexuales con compañeros de ambos sexos. En sus memorias, un hombre de negocios se felicita por sus manejos, sus chanchullos y, sobre todo, de que no lo hayan atrapado. En una autobiografía, la hija de un mafioso revela sin vergüenza los crímenes de su padre.

Algunos, incapaces de guardarse sus secretos personales, se entregan al placer de exhibirse. Es el caso de ese sacerdote que, en el curso de una velada de oración, se pone a hablar de su compulsión a frecuentar prostitutas. En un encuentro entre amigos, una muchacha revela sin reservas sus múltiples abortos. Un hombre hace alarde de sus infidelidades.

Estas revelaciones rozan el exhibicionismo. Este tipo de destape errático no deja de causar daños irreparables a la reputación de la persona y provocar disputas familiares o comunitarias.

Por algunos minutos de gloria en la televisión o aun tras la publicación de un libro, existen personas dispuestas a desacreditarse y a deshonrar a su familia. Se procuran el placer morboso de revelar sus errores, sus faltas, sus extravíos, incluso sus vicios. Manchan su reputación y la de sus allegados.

Son demasiado inmaduros para guardar su secreto. Necesitan descargar sus infamias en provecho de un público *voyeur* y hambriento de contenidos malsanos. ¿No sería preferible, dadas las circunstancias, no revelar nada, permanecer prisionero de sus secretos culpables para evitar así pedir perdón?

La incapacidad de decirse

Es cierto que, a la inversa, existen personas secretas a las que repugna revelar la menor debilidad. Hemos tratado ampliamente este tema en el capítulo 4 sobre nuestras resistencias a pedir perdón (p. 31). Por lo demás, se supone que una persona adulta es capaz de guardarse sus faltas secretas, puesto que éstas forman parte integrante de su historia y de su identidad. Esto no quita que al guardar silencio muy rigurosamente, aún a propósito de sus pequeños pecados, una persona se prive de la ventaja de liberarse a sí misma y de liberar a los demás. Corre el riesgo de encerrarse en ella misma y de aislarse espiritualmente. Pues no hay crecimiento psicológico y espiritual posible para aquel o aquella que no se anima a confiarse, ni siquiera a un testigo digno de confianza. El papel del confidente consiste en reflejar la interioridad de quien se confía. El confidente podrá eventualmente invitar a la persona a mirar de frente sus faltas, sus errores de juicio y sus desviaciones, en vista a favorecer su crecimiento psicológico y espiritual.

Regresemos a nuestra pregunta inicial: ¿qué razones pueden llevar a alguien a tener que revelar o no sus malas acciones o sus crímenes secretos?

La discreción a observar en la confesión de las faltas clandestinas

En su excelente obra *Family Secrets* [Secretos de familia], John Bradshaw se plantea la misma pregunta: "¿Es siempre oportuno revelar los secretos en la terapia familiar? Cita a Frank Pittman, psiquiatra y terapeuta familiar que, en *Private Lies: Infidelity and the Betrayal of Intimacy*, juzga que la honestidad es de una importancia central para salvaguardar la intimidad familiar. Para Pittman, la menor mentira conduce al desastre de la pareja y de la familia. Toda falta, sea cual fuere, debería entonces revelarse. Beverly Engel adopta la misma tendencia: toda ofensa secreta debe ser divulgada, sean cuales fueren las consecuencias.

El mismo John Bradshaw menciona también las ideas de Rose-Marie Welter Enderlin, terapeuta conyugal suiza. Ésta sostiene que la transparencia total respecto de las faltas y las malas acciones es el resultado de una regla demasiado rígida y no es siempre conveniente para la práctica de una buena terapia. Su experiencia le ha enseñado a mantener secretos los errores y las faltas que es inoportuno revelar. Así, invita a respetar la humanidad y la dignidad del paciente, sin por eso caer en la ingenuidad.

Tocando estas dos posiciones contrarias, Bradshaw sugiere criterios de discernimiento. Muchos factores deben ser tomados en cuenta respecto de la oportunidad de develar un secreto vergonzoso: es el caso del daño que la confesión puede representar para la persona en falta y para las demás personas en cuestión, del contexto cultural y étnico, de la situación particular de una familia. En principio, todo secreto vergonzoso cuya revelación podría ser perjudicial para su autor y/o su entorno debería divulgarse sólo a un confidente.

Las cuatro categorías de secretos vergonzosos y los grados de peligro de divulgación

Para discernir la oportunidad de revelar o no estos secretos, Bradshaw distingue cuatro categorías de secretos vergonzosos clasificados según su gravedad y su toxicidad. Los describimos suscintamente a continuación. Los secretos vergonzosos de las dos primeras categorías deben revelarse a profesionales, quienes los examinarán y tratarán.

Primera categoría: remite a actos criminales que violan los derechos del otro y atentan contra su vida, su libertad, su dignidad y su propiedad. Mencionemos algunos de ellos: asesinato, mutilación, tortura, piromanía, terrorismo, secuestro, agresiones violentas, cultos satánicos, violencia racial, tráfico de drogas, robo de mercadería en exhibición y todos los crímenes de orden sexual. La ley los condena severamente.

Segunda categoría: comprende los gestos a las consecuencias perjudiciales a la propia vida o a la de los otros: abuso de sustancias nocivas, disfunción de la alimentación; conflictos de la sexualidad; abandono de un niño al nacer; secretos concernientes a los orígenes del nacimiento de alguien, etcétera. Estos secretos no son crímenes castigados por la ley, pero deben ser revelados y denunciados para que se pueda manejar sus consecuencias.

Tercera categoría: esta categoría reúne los secretos que violan la libertad del prójimo, las fronteras familiares que incluyen las transgresiones generacionales conscientes o inconscientes; remite también a lo que daña la reputación de personas y lo que suscita desconfianza y un bloqueo de la comunicación. Por ejemplo: las disfunciones familiares, las leyes maritales, el desempleo, las enfermedades mentales, las discapacidades, etcétera. Estos secretos no deben necesariamente ser develados o denunciados. Los criterios para hacerlo se establecerán después de la descripción de la cuarta categoría.

Cuarta categoría: los secretos a los cuales se refiere atentan particularmente contra la energía y la espontaneidad de una persona. Su revelación no perjudicará seriamente a la persona en cuestión. Ejemplos: la apariencia del cuerpo, el nivel de educación, la vergüenza de pertenecer a una etnia, la crisis emocional o espiritual, una originalidad anormal, etcétera.

En conclusión, la revelación o denuncia de estos secretos depende de la madurez de la persona que ofende, de su contexto social, ético y religioso.

Para los secretos de la tercera categoría, habrá que discernir la oportunidad de decirlos o no

Tomemos el ejemplo de una infidelidad conyugal. ¿Se la debe revelar a cualquier precio? No existen reglas rígidas al respecto. Esto dependerá de las circunstancias.

Presentamos a continuación la historia de una esposa llamada Marie. Su caso ilustra lo que acabamos de llamar las circunstancias a tener en cuenta. Marie no se comunica con su pareja y sufre mucho por eso. Conoce a Jacques, un compañero de trabajo, a quien se confía. En el curso de sus confidencias cada vez más íntimas, se enamoran uno del otro y tienen relaciones sexuales. Durante este tiempo, Marie se queja con su marido Xavier de su pobre relación de pareja. Éste, consciente del problema, emprende una terapia individual. Aprende poco a poco a abrirse, a expresar sus emociones. Él y su esposa Marie comienzan a sentir cada vez más el placer de estar juntos. Deciden tener otro hijo. Marie debe entonces realizar una elección. No puede esperar un hijo y tener un amante. Decide romper con Jacques que comprende su situación y la respeta. No considera necesario revelar a Xavier su aventura, evitando y preservando así la armonía familiar.

He aquí, pues, un caso donde era preferible no revelar la infidelidad. Al hacerlo, Marie se respeta, respeta a su marido y a su entorno familiar.

Condiciones requeridas para revelar los secretos de la tercera y de la cuarta categoría

Con este fin, Bradshaw ha establecido consignas para permitir a la persona revelar sus secretos en total seguridad.
• Elegir a una persona en quien usted tenga confianza y con quien haya establecido un lazo sólido.
• Reservar un momento en el que usted disponga de todo el tiempo requerido para decirse y expresar sus sentimientos y en el que el confidente tenga el espacio para plantear todas las preguntas necesarias para aclarar el asunto.
• Optar por un lugar donde la confidencialidad esté garantizada.

Si, después de esta entrevista, usted se siente preparado para confiar su contenido a otras personas interesadas, convóquelas a una reunión o escríbales una carta. Por ejemplo, si usted tiene un amante que afecta su intimidad conyugal así como a usted mismo personalmente, es libre de revelar este secreto primero a un terapeuta o a un confesor, luego a su esposa o esposo y después a sus hijos, si lo juzga oportuno.

3- Ejercicio: contar una historia para revelar un secreto vergonzoso

Hemos recibido en terapia a una esposa totalmente angustiada por un secreto. Había tenido una aventura lesbiana con una amiga. Desde ese momento, estaba enloquecida ante la idea de que su marido la descubriera. Se alejaba de él y temía toda intimidad. Le pedimos que volviera acompañada por su esposo. Le dijimos que nosotros íbamos a revelar su secreto sin que su marido se diera cuenta y que, después de esta terapia, ella debería considerar su secreto como revelado a su esposo.

Efectivamente, vino con su esposo. Hablamos de bueyes perdidos. Una vez establecido el contacto entre nosotros y el marido, le hablamos de nuestra terapia. Y nosotros nos pusimos a hablar de los problemas de los pacientes. Entre otros, le hablamos de una mujer fiel que amaba a su marido y que, durante un congreso, se había dejado llevar a la habitación de una colega que la había hecho beber. Poco a poco, la colega le había hecho propuestas sexuales y se encontró de repente en la cama con ella. Al día siguiente, de nuevo en sí, tenía vergüenza de su aventura y la lamentaba mucho.

El inconsciente del marido había registrado la historia, pero su consciente se preguntaba adónde quería llegar este terapeuta conversador. Por su lado, la esposa sabía que su secreto vergonzoso acababa de ser revelado y su angustia desapareció.

La historia es un medio de decir... sin decir. ¡Pruébenlo!

6
El procedimiento concreto del pedido de perdón al ofendido

Etapa 6: falta confesada está medio perdonada

> *Una verdadera confesión consiste en contar su mala acción de manera tal que su alma se transforme al decirla.*
> MAUDE PETRE

> *Un hombre nunca debe sonrojarse por confesar que se ha equivocado, pues, al hacer tal confesión, prueba que es más sabio hoy que ayer.*
> JEAN-JACQUES ROUSSEAU

El aspecto dramático de la confesión

La confesión ha revestido siempre un carácter dramático y espectacular. Numerosos escritores y artistas se inspiran en ella. Evoquemos con algunos ejemplos el uso que han hecho de la confesión. En *La princesa de Clèves*, Mme. Lafayette (1678) nos cuenta el amor apasionado que la heroína siente por otro hombre que no es su marido y cómo confesará a éste su amor secreto. Guy de Maupassant escribe un cuento cuyo título es *La confesión*. El personaje principal de este cuento, una muchacha llamada Céleste, revela a su madre que está embarazada y se le ordena que no diga nada al joven cochero responsable de esa situación hasta tanto su embarazo no sea manifiesto. Más recientemente, en *La caída* (París, Gallimard, 1956, p. 95), Camus hace decir a su personaje principal que no puede soportar la idea de morir antes de haber confesado todas sus mentiras:

"Un temor ridículo me perseguía en efecto: no a Dios, ni a uno de sus representantes. Estaba más allá de eso, se imagina. No, se trataba de confesarlo a los hombres, a un amigo o a una mujer amada, por ejemplo. Dicho de otro modo, así no hubiera más que una sola mentira en mi vida, la muerte la volvía definitiva".

Un pasaje de los más emocionantes de *Crimen y castigo*, de Dostoievski, da testimonio de esta necesidad irresistible de confesar. Raskólnikov, el héroe de la novela, acaba de confesar su crimen a la humilde Sonia, pero no logra liberarse del ahogo que le produce su sentimiento de culpa. Entonces Sonia le muestra el camino y le dice: *"Ve al cruce de caminos, inclínate y besa primero la tierra que has mancillado; inclínate ante el mundo entero en dirección de los cuatro vientos; y di en voz alta para que todos puedan escucharlo: 'He matado' [...] Entonces Dios te devolverá la vida."*

La película *Mientras estés conmigo* está inspirada en el libro que lleva el mismo nombre escrito por la hermana Helen Prejean. El criminal, Matthew Poncelet, se niega al principio a confesarse culpable del asesinato de dos adolescentes. Aunque se sabe condenado, sigue negando sus crímenes. Con la ayuda de su acompañante, Helen Prejean, logrará confesar. En vez de morir en el odio, se reconciliará con él mismo. La confesión de sus crímenes le permitirá morir en la verdad y, el día de su ejecución, esbozará un pedido de perdón a los padres de ambas víctimas.

Personas que se confiesan en los *talk-shows*

No dejan de sorprendernos las confesiones hechas en público. Estrellas del espectáculo y personas comunes ostentan a veces sin reservas sus secretos más íntimos y más penosos. Pensemos, por ejemplo, en las entrevistas del programa *Larry King Live* en Estados Unidos. El presentador logra extraer en público las confesiones de altas personalidades y de estrellas del espectáculo interrogándolos sobre su vida íntima, incluso sobre su vida sexual. Así hemos podido enterarnos de todos los detalles de las aventuras extraconyugales de Sarah Ferguson, casada con el príncipe Andrew, así como del alcoholismo de Betty Ford, esposa del ex-presidente Gerald R. Ford.

Una gran cantidad de estrellas del espectáculo han participado en el programa francés *Le jeu de la vérité* [El juego de la verdad], conducido por Patrick Sabatier. Coluche, el actor que fundó los "Comedores del corazón", decide, para apresurar su cura, hacer pública su dependencia al alcohol y a la droga durante 15 años. Aprovecha la ocasión para jurar que renunciará a sus malos hábitos. Además, sin buscar su propia gloria, lanza entonces una impresionante campaña publicitaria contra el alcohol y la droga.

Sería conveniente profundizar la razón de ser de tales confesiones y conversiones en las personas célebres. ¿Su motivación es el sensacionalismo, conseguir una gloria pasajera, liberarse del deseo inconsciente de revelar algún secreto sobre ellos mismos, liberarse de las tenazas del sentimiento de culpa o aún mostrar su transparencia? Sospechamos que son todas estas razones y muchas otras las que los motivan.

Por el contrario, al escribir estas líneas, pensamos en el destino reservado a la riquísima norteamericana Martha Stewart, la reina del *bricolage* y de la venta de artículos para el hogar. La condenaron por haber mentido a los inspectores federales norteamericanos. Fue acusada de delito de iniciado en una transacción financiera, pero negó todos los cargos. Además del costo exorbitante de su defensa en manos de los mejores abogados, del riesgo de perder su reputación y de verse deshonrada, de ser tratada como una comadre indomable, de ser traicionada por una de sus amigas, de tener que renunciar a la presidencia de su compañía, de pagar una multa salada, debe padecer las humillaciones relacionadas con el encarcelamiento. Ahora bien, Martha Stewart habría podido evitar todas estas infamias si hubiera reconocido muy simplemente sus faltas. ¡Le hubiera salido mucho más barato!

La naturaleza y el alcance de la verdadera confesión

Cuando alguien que está en falta o un criminal comete un daño, rompe los lazos que lo unen a una persona o a una comunidad. La armonía interpersonal o social se ve dañada, sino destruida. La falta o el crimen aísla al culpable. Su reinserción vuelve a ser posible solamente con el reconocimiento de su falta o de su crimen. En las sociedades tradicionales, no existe la ofensa cometida a una sola persona. La ofensa afecta siempre los lazos armoniosos con la familia o el entorno inmediato de la persona ofendida.

La confesión es, pues, el primer paso a seguir por parte de la persona que está en falta o que cometió un crimen y desea ser rehabilitada por el ofendido o por sus amigos. Por su etimología, la palabra francesa *aveu* (que traducimos al español como "reconocimiento", "confesión", "declaración") designa la declaración escrita del vasallo a su señor en reconocimiento del feudo que tiene para cultivar. La confesión es, pues, la afirmación de los lazos de los hombres entre ellos y de su dependencia mutua. *A-vouer* es entonces salir de su soledad para encontrar su propio lugar en el corazón de las relaciones sociales; es declarar a los demás su interdependencia. Examinemos de más cerca toda la riqueza de sentido que implica la confesión.

1. El reconocimiento de la falta se opone a su negación. Confesar es salir de un estado de mentira. Se asume la plena responsabilidad de la falta. No se la disculpa como se haría con un error involuntario, un acto infeliz; tampoco se echa la culpa a los demás; uno no se pierde en explicaciones o justificaciones. Confesar es reconocerse culpable, exponerse a la mirada del otro y, por lo mismo, a su juicio.

2. La confesión significa, por otra parte, que uno está por encima de su falta, que uno ya no se identifica con ella. En adelante, es posible soportar la mirada del prójimo sin caerse de vergüenza y sin sentirse desfallecerse delante de él. Soy más grande que mi falta y, más allá de la confesión, sigo existiendo y puedo recuperar mi integridad y mi dignidad. Tengo el dominio de mi falta así como de mi confesión.

3. Los niños tienden instintivamente a ocultar sus faltas. Tienen miedo de confesarlas por temor a las represalias o de tener eventualmente que repararlas. Por este motivo, confesar es signo de madurez en aquel que asume la responsabilidad de su falta y sus consecuencias. La considera como formando parte de su historia y como una fuente de esperanza en su conversión moral.

4. Ante todo, la confesión llama al perdón, a la pertenencia renovada a su grupo y a la reconciliación. Nos atrevemos a afirmar que la confesión es portadora de un pedido de perdón. ¿Acaso no se dice con razón: "Falta confesada está medio perdonada"? Por medio de la confesión, el ofensor se vuelve a la vez vulnerable y entra de nuevo en confianza con el ofendido o con la comunidad traicionada. Siente que su confesión es una invitación hecha al ofendido para que éste lo perdone. Al punto que en muchos casos la confesión reemplaza al pedido de perdón.

Ejercicios para prepararse a confesar la mala acción

I- Preparación individual

Es importante prepararse bien a confesar su falta o una de sus transgresiones. Varias confesiones torpes o demasiado improvisadas están condenadas al fracaso y chocan aún más al eventual perdonador.

Elija con anticipación la manera en que realizará su confesión: un cara a cara, por teléfono, por carta, etcétera.

Revise mentalmente toda la preparación interior ya realizada. Prepare por adelantado sus ideas y la manera de formularlas.

Advierta con anticipación al ofendido acerca de su intención. En África, se pasa siempre por una tercera persona para hacerlo.

Elija un momento en que se sienta bien física y psicológicamente. Nombre los recursos interiores que va a necesitar.

Imprégnese de ellos reuniéndolos interiormente. Cuando se encuentre unido a uno de sus recursos necesarios, hágase las preguntas siguientes: ¿cómo se ve a usted mismo? ¿Qué se dice a usted mismo? ¿Qué siente?

Nombre ahora la motivación profunda que lo lleva a pedir perdón y acoja lo que acompaña esta motivación.

Si usted conoce bien a la persona a la que hace la confesión, encuentre un momento en el que el eventual perdonador esté disponible para recibirlo. Encuentre un lugar tranquilo y confidencial. Usted maximizará así sus chances de éxito.

2- Ejercicio en grupo

Aquel o aquella que desea hacer una confesión podrá prepararse mejor si forma parte de un grupo de crecimiento o de terapia. He aquí las etapas de esta preparación:

El ofensor anuncia que desea hacer la confesión de una falta, de un crimen o de un vicio, sin revelar su contenido.

Elige en el grupo a una persona en la que tiene confianza. Le pregunta si quiere ocupar el lugar del ofendido.

Si ésta acepta, le tiende un largo pañuelo de cuello o una servilleta. Sostiene el objeto de una punta mientras que el sustituto del ofendido lo toma por la otra.

Sin decir una palabra, toma conciencia de sus resistencias para revelarse. El animador le pregunta: "¿Qué recursos morales necesitarás para confesar tu mala acción?"

El ofensor describe los recursos que lo ayudarían a hacer su confesión. El animador le sugiere que se deje ayudar por uno o más participantes que parecen poseer dicha cualidad-recurso.

Elige participantes como personas-recursos aptas para apoyarlo moralmente en su confesión. Con tal fin, éstos se colocan detrás de él y le tocan el hombro.

Se toma el tiempo necesario para interrogar su interioridad. Si aún descubre en ella una o más resistencias, elige otras personas-recursos apropiadas para fortalecerlo.

Una vez convencido de poder confesar su falta, tira del pañuelo que sostiene el sustituto avanzando hacia él. Sin pronunciar una sola palabra, realiza un gesto de reconciliación.

Etapa 7: pedir perdón

> *El arte de confesar su falta y de pedir perdón por ella*
> *pertenece por naturaleza a los espíritus creativos.*
> *Es una tentativa para descubrir un sentido*
> *a la penosa experiencia de la falta.*
> *Es hacer de su vida una historia moral*
> *que permite dar vuelta la hoja y seguir*
> *viviendo en paz consigo mismo.*
> ALAN BRIDGE, fundador de la "Apology Line"

¿Cuándo pedir perdón?

Comenzamos esta sección contando la historia de tres personas que desearon poner orden en su vida antes de morir. ¡Momento indicado e importante si los hay! Pero agreguemos de inmediato que no existe un tiempo indicado para pedir perdón.

1- Su verdugo le pide perdón cuando ella ya se lo había otorgado

Maité Girtanner, joven de la resistencia durante la Segunda Guerra Mundial, fue detenida por el ejército alemán y torturada por un médico de la Gestapo. Esto le afectó o destruyó todos los centros nerviosos de su cuerpo. Desde entonces, padeció un martirio de lo más atroz.

Cuarenta años más tarde, Maité recibió un llamado telefónico de un alemán. Reconoció la voz de Leo, su médico-verdugo, que pedía verla. Enfermo, se estaba muriendo de cáncer. Ella accedió a su pedido.

Maité se encontró con Leo y le preguntó cómo había llegado a hacer experimentos con prisioneros. Leo, de origen austríaco, había sido separado de sus padres y educado en una institución próxima al ejército. Alumno brillante, se convirtió en médico. El jefe nazi Heinrich Himmler lo eligió personalmente para que sirviera como médico-verdugo dedicado a realizar investigaciones con los cautivos de guerra a los que se identificaba entonces como "terroristas".

Leo se acordaba muy bien de Maité por haberla oído conversar con sus compañeros detenidos sobre el amor incondicional de Dios. Antes de morir, deseaba que le hablara de ese amor y de la misericordia divina. A medida que ella le describía las maravillas del amor de Dios, Maité vio el rostro de Leo distenderse y aliviarse. Le expresó todos los sufrimientos que había padecido desde su detención. Conmovido por su relato, él le dijo al oído: "Verzeihung!" Era la palabra alemana más poderosa para expresarle su pedido de perdón. Ella le pidió entonces que revelara a su familia y a su entorno la persona que había sido durante la guerra. ¡Cosa que él hizo!

2- Mutuo pedido de perdón de la suegra y su nuera

En el curso de una sesión sobre el duelo, nuestra amiga Mireille nos contó que su suegra la había invitado a visitarla al hospital. Ésta sufría un cáncer y sentía que su fin estaba próximo.

A la hora convenida, Mireille se presentó en la habitación de su suegra. Ésta había pedido a las enfermeras que no la molestaran durante su conversación con la nuera. La anciana comenzó a hablarle de los primeros años de matrimonio con su hijo. Le contó que le guardaba rencor por habérselo quitado al casarse con él, y que por eso se había mostrado fría y distante con ella. Le reprochaba entonces a su nuera que no tratara a su hijo correctamente, que intentara humillarlo en público, que no se ocupara lo suficiente de él y que le hiciera gastar el dinero. Llorando, le confesaba muy simplemente que había estado celosa de ella.

Mireille se sintió conmovida por esta confidencia y, a su vez, comenzó a reprocharse la frialdad con la que había tratado a su suegra. Había impedido que su marido fuera a ver a su madre como él quería. Había incluso evitado invitarla a las fiestas familiares y se las arreglaba para que no pudiera crear lazos afectivos con sus nietos.

Ambas se sorprendieron y se emocionaron por el clima de confianza que las llevaba a confesar sus faltas de consideración recíprocas. Lloraron juntas y lamentaron haber derrochado estos años de intimidad familiar. Por último, se pidieron mutuamente perdón. Ambas mujeres salieron de este encuentro muy pacificadas y radiantes de dicha.

El marido de Mireille había ido a buscar a su esposa al hospital y, de paso, a saludar a su madre. No tardó en percatarse del clima de intimidad nada habitual que reinaba entre su esposa y su madre. Asombrado, les preguntó qué había pasado. Le dijeron: "¡Es un secreto entre nosotras!"

3- Pedido de perdón de un conductor ebrio a su víctima

El auto de Stephen había entrado en colisión con otro vehículo conducido por un hombre en estado de ebriedad que se había dado a la fuga. Este accidente produjo un vuelco fatal en su vida y su carrera. Su brazo izquierdo quedó casi inutilizable. Ahora bien, catorce años más tarde, he aquí que la hija del conductor ebrio llama a Stephen para decirle que su padre agonizante lo reclama a su lado. Stephen no lo conocía, ya que la policía nunca había logrado ubicar al autor de este delito de fuga.

Stephen concurrió a lo del moribundo. Primero dio con su hija, que le presentó al padre. Después de las presentaciones acostumbradas, ésta se retiró discretamente. El anciano enfermo murmuró entonces a Stephen: "Quisiera que me perdonaras por los daños que te he hecho". Tocado por la compasión, Stephen lo perdonó en el acto y lo besó.

Stephen y la hija del moribundo fueron a buscar al capellán del hospital para describirle la serenidad y la calma del padre después del perdón otorgado por Stephen. Este capellán se indignó. Pretendía que en virtud de su sacerdocio era el único en poder conceder un perdón a este hombre. Entonces Stephen recordó al capellán, celoso de su autoridad, las palabras de Nuestro Señor: "Perdónanos nuestras ofensas como nosotros perdonamos a los que nos ofenden." Añadió que el perdón de Dios estaba íntimamente ligado a los perdones concedidos por los humanos unos a otros. (Tomado de *Catholic New Times*, 24 de febrero de 2002).

Los componentes de un pedido de perdón completo

Los componentes de un auténtico pedido de perdón deberían incluir el arrepentimiento de la falta, la confesión, el pedido de perdón propiamente dicho así como la voluntad de reparar los daños causados por la mala acción. Tendríamos allí un pedido de perdón integral. Como veremos, es posible sin embargo que uno u otro elemento quede sobreentendido. Así, la confesión de una falta puede reemplazar fácilmente el pedido de perdón; el arrepentimiento y el lamento reemplazarán a veces la confesión; y la reparación de los daños podrá equivaler al lamento, la confesión y el pedido de perdón.

Las diversas maneras de pedir perdón

Pedir perdón directamente a la persona ofendida

El pedido de perdón hecho directamente a la persona ofendida requiere por parte del que pide perdón una preparación psicológica y una formulación justa. Pedidos de perdón hechos de una manera rápida e irreflexiva con frecuencia no consiguen sino herir aún más a la persona que sufre. Será preferible, pues, ejercitarse en formular bien la confesión de su falta y en expresarla delante de un amigo o, eventualmente, grabar su voz para verificar si el tono es correcto. En cuanto a la confesión, debe ser hecha de una manera detallada y precisa. Así, el perdonador conocerá bien todo el contexto de la falta a perdonar: "He contado chismes sobre ti con amigos"; "Quería humillarte durante esa fiesta"; "Estaba celoso de tus éxitos. Por eso he intentado minimizarlos".

¿Por qué aplicarse en formular bien el pedido de perdón? Con el fin de dejar al ofendido la libertad de perdonar en conocimiento de causa: "Solicito tu perdón siendo bien consciente de la gravedad de tu herida; comprendería que quisieras tomarte todo el tiempo requerido para curar tu herida y reflexionar acerca de conceder el perdón"; "Deseo liberar mi conciencia de este peso, pero respeto todo el tiempo que te tomes para hacer tu proceso antes de perdonarme". Como lo hemos dicho anteriormente, ustedes pueden emplear varias fórmulas: siento haber..., estoy desconsolado..., lamento mi palabra o mi gesto, te pido perdón, etcétera. Es importante sobre todo que el pedido de perdón no comporte excusas, justificaciones, explicaciones, descargas sobre otra persona.

Reconocer la falta equivale a menudo a un pedido de perdón

En muchos casos, la confesión equivale a un pedido de perdón, sobre todo cuando se trata de pequeños pecados y de cambios de humor. He aquí una situación que tuve que vivir recientemente: una secretaria, muy amable por lo demás, me había atacado muy seriamente acusándome de una falta sin razón. Yo le había hecho una pregunta simple a la cual esperaba una respuesta simple. Ahora bien, esta mujer me atormentó con reproches inmerecidos. Llamé en el acto a su jefe para averiguar la razón de este cambio de actitud. Me dijo que no entendía nada de las reacciones de su secretaria y que iba a hablarle. Al día siguiente, recibí un correo electrónico donde ella me escribía: "Lamento mucho mi torpe respuesta a su pregunta." Una vez hecha su confesión, yo ya no le guardaba rencor; ya la había perdonado. El que hubiera admitido y reconocido su falta me bastaba; no sentía más la necesidad de alimentar un conflicto que no tenía más razón de ser.

Limitarse al objeto del perdón en vez de atormentarse con reproches

Ciertas personas, atormentadas por su culpa, se ven llevadas a envilecerse ante el ofendido llamado a perdonar. Se atribuyen defectos hasta el infinito: "Soy estúpido por haber hecho eso"; "Soy un imbécil y sólo un imbécil"; "Soy malvado por haber dicho tantas calumnias sobre ti". Esta manifestación de desestima de sí para expresar su *mea culpa* o llorar lágrimas de sangre es completamente inútil. Más vale ocuparse exclusivamente del objeto del perdón. Por ejemplo: "Te pido perdón por mis palabras insolentes"; "Te pido perdón por haber revelado tu secreto"; "Te pido perdón por haber sido la causa de la muerte de tu hijo".

Pedir perdón de manera afirmativa

He aquí la historia de Andrée, una religiosa que se arriesgó a pedir perdón a su superiora, a la que por cierto tenía en muy alta estima.

Imploró su perdón de una manera torpe: "¿Me perdonas mi insolencia?" Su superiora le respondió: "Tienes que aprender a vivir con las frustraciones que provocas en las personas." En vez de perdonarla, le dio una lección, dejando a Andrée sumergida en su culpa. Cuando nos contó esta historia, Andrée todavía se sentía herida por la respuesta de su superiora, y eso que ya habían pasado veinte años desde el incidente. Se había quedado con amargura y se había reprochado su manera de pedir perdón.

De haber hecho un pedido más directo, no se hubiera amargado tanto: "Te pido perdón por mi insolencia." Tal frase hubiera indicado más claramente su intención de hacer un pedido afirmativo de perdón en vez de suplicar a su superiora haciéndole una pregunta. Hay que evitar ponerse a merced del perdonador: "¿Me perdonas mi insolencia?" Este pedido bajo forma interrogativa é implorante acentúa la vulnerabilidad y la debilidad de la persona que pide perdón.

Además de realizar un pedido de perdón directo, uno ganaría especificando el objeto del pedido de perdón. Antes que decir: "Perdóneme por mi insolencia" es preferible pedir: "Perdóneme por mis palabras (o gestos) insolentes."

Pedir perdón por escrito

Si usted vive lejos del ofendido o se siente incapaz de expresarse oralmente, escribir le ofrece una opción posible para pedir perdón. Existen personas que se paralizan con la mirada del ofendido y se sienten impotentes para expresar bien su pensamiento. Pueden hacerlo por escrito y expresar así con matices sus emociones, en particular su pesar. El inconveniente, sin embargo, es que no son testigos de la reacción inmediata de su lector.

Cabe, no obstante, hacer una advertencia acerca de lo escrito: es importante en la carta evitar atormentarse con cuestiones incriminatorias que podrían ser utilizadas en contra en un tribunal de justicia o en otro lado. Pues si llegara a ocurrir que el ofendido se mostrara vindicativo y pleitista, podría exigir compensaciones financieras con débiles pretextos: daños padecidos, crueldad mental, reputación manchada o paz perturbada.

Pedir perdón por persona interpuesta

Ciertos africanos nos han revelado que en regla general, en casos de un asunto delicado, una declaración de amor, una noticia triste que se debe anunciar, un conflicto, apelan a una tercera persona reconocida por su sabiduría. ¿Por qué no proceder así para pedir perdón cuando es posible hacerlo? La tercera persona informaría al ofendido que el ofensor está dispuesto a hacer su *mea culpa*; podría así informarse acerca de las disposiciones del ofendido y comunicarlas al ofensor.

Pedir perdón con un gesto amistoso o con un regalo

Nosotros, americanos y europeos, somos proclives a fiarnos de la palabra del otro, a pedir explicaciones al ofensor y a discutir sobre las causas del conflicto. En tal caso, hay que decir todo, analizar todo y justificar todo. Los asiáticos, por el contrario, no obligan al ofensor a denunciar su falta, pero saben muy bien quién es el causante y perciben que el ofensor se encuentra en una posición incómoda. Por eso, no exigen que éste se deshonre y tenga la impresión con ello de perder su dignidad. No se espera del ofensor que pida perdón expresamente. Aquel o aquella que reconoce su mala acción hace habitualmente un regalo al ofendido o a su familia o realiza un gesto amistoso. Con eso admite su falta y su deseo de repararla sin tener que dar mayores explicaciones.

Pedir perdón en silencio

Es posible hacer un pedido de perdón a un allegado que no quiere oír hablar de la falta cometida para con él. Un ejemplo ilustrará esta manera de perdonar.

Un padre de familia tenía una hija de quince años que se estaba muriendo de leucemia. Él le quiso hablar de las caricias sexuales a las que la había sometido cuando ella tenía nueve años. En cuanto el padre comenzó a hablar, la muchacha se escondió bajo la sábana, negándose a escucharlo. Sin embargo, el padre deseaba de todo corazón pedirle perdón por sus indiscreciones sexuales.

Éste vino a verme, desesperado por la situación, pues experimentaba un profundo pesar por su falta. Lo invité a implorar el perdón de su hija de manera silenciosa. Se trataba de aprovechar de un momento de soledad con ella, de establecer su contacto sosteniéndole la mano, respirando a su ritmo y pidiéndole perdón silenciosamente en lo más profundo de él mismo por sus extravagancias sexuales.

El hombre siguió mis consejos. El resultado fue inmediato: se sintió liberado de su pesado secreto y se dio cuenta de que su hija estaba más relajada.

Pedir perdón a una persona fallecida

Cuando nuestros pacientes que están de duelo creen en el más allá, les proponemos vivir un ritual que consiste en pedir perdón a la persona fallecida y en concederle el perdón.

Colocamos una silla vacía enfrente de la persona que está de duelo y le pedimos que se imagine que está ante la persona fallecida. Podemos también reemplazar la silla vacía por un retrato del ser querido desaparecido. La incitamos primero a hablar a la persona fallecida; le aconsejamos que termine los diálogos que no pudo tener antes de la muerte de esta persona.

La invitamos luego a pedir perdón por sus faltas de amor para con el fallecido. Concluimos este ritual de perdón invitando a la persona que está de duelo a conceder su perdón al querido difunto por sus faltas. La ayudamos así a borrar las huellas de culpa y de enojo que bloquean a menudo el buen desarrollo del duelo.

Planificar una restitución de la deuda hacia el ofendido

Allí donde se ha cometido una falta, se espera una reparación. En la justicia, se exige una reparación proporcionada al perjuicio. Pero fuera del sistema judicial, el que pide perdón cuenta con la generosidad del ofendido. No por ello en materia de perdón y para probar su sinceridad, el ofensor deseará reparar su falta de una manera por lo menos simbólica.

En la Biblia, perdonar significa "no hacer pagar la deuda". Cuando el ofensor comete una falta contra alguien, contrae con él una deuda evidente: una deuda material (ha prendido fuego a su casa o le ha robado sus bienes) o una deuda moral o espiritual (ha intentado destruir su reputación, ha agredido a una persona querida por el ofendido, ha traicionado sus promesas o ha herido en público su dignidad humana).

En la medida de lo posible, el ofensor deberá esforzarse por mostrar su buena intención de pagar su deuda material con toda justicia. Si no puede hacerlo, quedará en manos de la generosidad del ofendido quien, al perdonarlo, "no le hará pagar su deuda".

¿Qué ocurre con una deuda emocional, moral o espiritual? La persona que está en falta, para demostrar su sinceridad y su buena voluntad, podría dar prueba de creatividad e imaginar en compensación un gesto simbólico. Podría, por ejemplo, ofrecer al ofendido un objeto precioso, inscribirse en una clínica de terapia, hacer terapia de pareja por una infidelidad, desmentir un falso rumor sobre el ofendido, hacer beneficencia, etcétera.

Hemos conocido a un conductor ebrio que, por accidente, había matado a una joven. Pidió perdón a los padres, quienes se lo concedieron. Para garantizarles que no repetiría su crimen, siguió una cura de desintoxicación y tomó clases de manejo.

Los autores también piden perdón

Le sugerimos, en el secreto de su conciencia, nombrar a la persona o a las personas a las que ha ofendido. Haga la lista de las personas a las cuales usted debe pedir perdón.

Los autores mismos han establecido su lista de pedidos de perdón, por honestidad hacia sus lectores. Usted observará que, por discreción, no nos hemos dirigido a nadie en particular.

Yo, Jean Monbourquette, pido perdón...
Por haber buscado una compensación en la comida.
Por haber alimentado rumores.
Por no haber admirado las hazañas de los otros.
Por haber hablado mal de personas que me eran antipáticas.
Por mis reacciones revanchistas.

Por mi indiferencia hacia algunos.

Por haber favorecido el trabajo en detrimento de los ejercicios espirituales.

Por haber sido egoísta en mis amistades.

Por haber caído demasiado a menudo en la competencia.

Por haberme faltado compasión.

Por haber humillado.

Por haber ejercido la pasividad en las relaciones personales.

Por no haber optado por entretenimientos sanos.

Por no haber cuidado mi salud a causa del trabajo.

Por haber seguido las imágenes propuestas que me desviaron de mi misión.

Por haber favorecido el ego en desmedro de las intuiciones del Sí.

Yo, Isabelle d'Aspremont, pido perdón...

Por haber querido estar en primer lugar y pasar antes.

Por haber despreciado al otro y haberlo mirado desde arriba.

Por haberme jactado.

Por haber buscado atraer hacia mí sola la atención de una persona.

Por no haber cumplido mi promesa.

Por haber juzgado y encerrado al otro en mis límites.

Por haber estado celosa de los conocimientos de los demás.

Por haber intentado seducir.

Por haberme creído superior a los demás.

Por haber querido parecer sin fallas y rechazar toda forma de debilidad.

Por haberme callado por facilidad o por cobardía, al temer ser rechazada.

Por haber preferido vivir adentro de una burbuja antes que comprometerme.

Por no haber creído en las muestras de amor y de amistad.

Por haber traficado la verdad y haberla desviado a mi favor.

Por no haber aceptado las proyecciones de mi sombra y haber preferido acusar a los demás.

Por no haber acogido mis intuiciones por miedo a tener que seguirlas.

Por haber querido estar en el origen de mí misma sin tener en cuenta tu Presencia.

Ejercicio

Encontrará en Internet varios modelos de cartas y de tarjetas postales que sugieren diversas maneras de pedir perdón (búsqueda a partir de las palabras-clave: "tarjeta o pedido de perdón", o en inglés, "apology card or letter"). Pero le proponemos el desafío de escribir, con sus propias palabras, su carta personal de pedido de perdón. Expresará en ella sus sentimientos de pesar, hará la confesión de su falta, expresará su pedido de perdón y su intención de reparación.

Después de haberla escrito, decidirá si la envía o no al ofendido, según su propio discernimiento.

Etapa 8: perdón, reconciliación, rechazo del perdón

> *Uno olvida con demasiada rapidez sus malas acciones*
> *y no se siente lo suficientemente obligado a pedir perdón.*
> JEAN MONBOURQUETTE

Resistencia para recibir el perdón

Aun cuando una persona se atreviera a solicitar un perdón, es posible que al mismo tiempo dude de la sinceridad del perdonador. En efecto, el que pide puede difícilmente creer en la generosidad y en la pura gratuidad del perdonador. Se dice: "¡Tal magnanimidad, tal gratuidad no es posible y hay que desconfiar!" Piensa que el perdonador esconde un motivo secreto para actuar así: "¡Tengo el pálpito de que pondrá ciertas condiciones a su perdón!" El acto de perdonar forma parte de lo cotidiano, pero es un gesto que, en verdad, es del orden del milagro.

Hay quienes tienen dificultad en creer en la pura gratuidad de un gesto de perdón. Desde su nacimiento, han desarrollado una actitud mercantil que se refleja en las expresiones siguientes: "Nada es gratis", "Tarde o temprano, todo se paga". O en la mencionada más arriba: "Hay que merecer el perdón". ¿El adagio siguiente no confirma acaso esta creencia: "Errar es humano, perdonar es divino"?

Perdón o justicia

Atendíamos a una pareja en terapia. Una esposa infiel pedía a su marido que le perdonara su aventura extraconyugal. Se sentía sola en un congreso y conoció a un congresista encantador. Mantuvieron conversaciones íntimas que los llevaron a la cama. Culpable y arrepentida, contó su aventura al marido que la tomó muy mal. Después de varias discusiones, llegaron a un acuerdo: él le perdonaría su adulterio con la condición de que ella firmara un contrato que la comprometiera a no volver a hacerlo. La esposa decía estar satisfecha de la negociación y estaba dispuesta a firmar el acuerdo.

Los terapeutas preguntaron al marido si deseaba en verdad perdonar a su esposa o simplemente firmar un contrato con ella. El marido se defendió, afirmando haber tenido verdaderamente la intención de otorgarle su perdón. Los terapeutas le pidieron entonces que desistiera del contrato y la perdonara sin imponer condiciones. Su perdón debía ser un acto de fe y de amor gratuito en la futura fidelidad de su esposa.

Sentirse perdonado exige humildad

Acoger el perdón de alguien requiere de una buena dosis de humildad que hay que cuidarse bien de confundir con un acto de humillación. No es para nada necesario perder el sentido de la dignidad o el respeto de sí frente al perdonador. Pedir perdón no es sinónimo de rebajarse.

¿Acaso no se dice que "dar está bien, pero recibir es darse"? En efecto, recibir es dar su persona. El que pide perdón preparado adecuadamente está dispuesto a acoger graciosamente el perdón de alguien sin experimentar el sentimiento de humillarse o de sentirse disminuido. Al hacerlo, conserva toda su dignidad y el respeto de sí mismo.

Perdón y reconciliación

La reconciliación no se produce necesariamente después del perdón

Si bien es cierto que el perdón invita a la reconciliación, no hay que confundir perdón y reconciliación. Hemos visto esposas que perdonaron a un marido violento pero no siguieron viviendo con él; amigos que, una vez concedido el perdón, han optado por no renovar su amistad; compañeros que dejaron de sentir la necesidad de profundizar su amistad después de un perdón.

La confusión entre perdón y reconciliación es alimentada por una creencia popular según la cual una vez que se ha perdonado se debe retomar la relación con el otro en el mismo lugar en que había quedado antes de la ruptura. Es lo que creía una de nuestras amigas que no quería perdonar a su hermana la divulgación de sus confidencias. Nos había dicho, enojada: "Si se lo perdono, tendré que confiar de nuevo en ella. ¡No, gracias! Es demasiado indiscreta y no puedo hacerla cambiar." Para ella, perdonar significaba volver a tener a su hermana por confidente. Le hemos hecho comprender que podía perdonarla sin sentirse obligada a mantener la misma relación de intimidad.

Si el perdón exige una verdadera reconciliación de los corazones entre el ofensor y el ofendido, es posible que no deseen continuar sus relaciones íntimas o de amistad. La reconciliación física o la convivencia no son, pues, una obligación que se deriva del pedido de perdón. Y está bien que así sea.

La reconciliación auténtica entre el ofensor y el ofendido
requiere que ambos acepten crecer

Sin embargo, es evidente que la reconciliación se impone en ciertos casos, por ejemplo, después de un perdón otorgado a un ser querido, a un esposo, a un hijo, a un amigo íntimo. Si se quiere mantener una relación íntima con el ofendido, no queda otra opción que renovar la relación. ¿Cómo hacerlo? El ofensor y el ofendido deberán transformar su personalidad y cambiar su conducta para no repetir la falta o el conflicto que destruyó su lazo. Por otra parte, la necesidad de reconstruirlo no incumbe solamente al ofensor, sino que recae también sobre el ofendido.

El ofensor, por un lado, estará en condiciones de vivir bien su relación con la persona ofendida con la condición de que siga operando sobre él mismo un trabajo de crecimiento, tal como lo hemos propuesto más arriba, que apunte a tomar conciencia de su falta, que sepa manejar bien su culpa, reintegrar sus sombras, perdonarse a él mismo, en fin, construirse una alta estima de sí.

Por otro lado, el ofendido deberá reconocer su responsabilidad por las situaciones que ha creado y que le han valido heridas o insultos; prevenir las reacciones malintencionadas de su ofensor; deshacerse de su resentimiento y de su deseo de venganza; esforzarse por comprender al ofensor; encontrar un sentido a este conflicto; por último, orar por la conversión de su ofensor.

El rechazo del perdón

Los motivos para rechazar el perdón y las consecuencias

Durante el juicio a Dutroux en Bélgica, hemos visto a Sabine Dardenne negarse a perdonar a Michelle Martin, esposa de Dutroux. Esta última imploraba el perdón por su participación pasiva y por los gestos de su marido que había secuestrado a varias muchachas y abusado sexualmente de ellas. Ante todos estos actos nefastos, Sabine no se mostraba dispuesta a perdonar y cuentan que dijo: "No comprendo que una madre de familia con hijos se haya prestado a algo tan sórdido. ¡Nunca la perdonaré!". Las circunstancias del pedido de perdón de Michelle Martin le eran claramente desfavorables: pedía perdón por su marido, mientras que ella misma se mostraba incapaz de hacerlo; el recuerdo de las atrocidades; el recuerdo de las atrocidades que las muchachas habían padecido no era de naturaleza para crear un clima favorable al perdón; Sabine Dardenne estaba tensa y llena de agresividad hacia los Dutroux. Pero creemos que un día, aunque más no sea para liberarse de sus horribles pesadillas y de su resentimiento y volver a estar en paz, Sabine y Laetitia encontrarán la justa manera de conceder su perdón, a la vez que seguirán siendo libres de no hacerlo.

En efecto, sean cuales fueren sus motivos, el ofendido conserva siempre el derecho de otorgar o de rechazar el perdón al ofensor.

Aún si hemos apreciado el artículo del hermano Rémi Chéno sobre la confesión ("Falta confesada está medio perdonada...", *Itinéraires*, n°2: "El perdón", enero de 1993), no estamos de acuerdo con su descripción del estado de ánimo del ofensor que acaba de sufrir una negativa. El autor escribe: "Reconozco la libertad del otro y puedo esperar que no me encerraría en mi falta. [...] Si se negara a responder a mi confesión, quebraría mi pertenencia a esta humanidad común."

Según nuestra humilde opinión, el autor atribuye demasiado poder al ofendido. El ofendido no tiene el poder de encerrar al ofensor en su falta, a menos que este último lo acepte. El ofensor sigue conservando la posibilidad de recuperar su integridad y su potencia diciéndose: "Yo soy más que mi falta. El trabajo psicológico y espiritual que realicé me ha liberado del sentimiento malsano de la culpa; he dejado de acusarme indebidamente; he mantenido el respeto por mí mismo; me perdoné a mí mismo; logré reconstruir la estima de mí mismo; en mi mala acción veo, de aquí en más, una ocasión de enmendarme y de crecer moralmente; por último, me he reconciliado conmigo mismo."

La experiencia de ver que se nos rechaza un perdón, aunque penosa, no debería ser un acontecimiento catastrófico. El ofendido no tiene derecho a aislar a su ofensor de la sociedad, ni a afectar su "pertenencia a la humanidad común". Cuando la persona en falta ha hecho todo lo que está a su alcance para pedir un perdón sincero y reconciliador con el otro, merece su lugar en la comunidad. Si llegara a ocurrir que el ofendido no lo perdonara, sería entonces éste quien padecería las consecuencias: se aislaría en su resentimiento, su pena y su cólera, mientras que el ofensor permanecería abierto a retomar la relación.

La negativa a perdonar por parte del ofendido demostraría que es incapaz de actuar de otro modo por el momento y en las circunstancias presentes. Esto no significa que no perdonará jamás. Para no vivir prisionero del pasado, para sentirse liberado de su angustia, para no permanecer indefinidamente en el resentimiento, para no caer en el cinismo del ofensor, el ofendido, por bondad hacia él mismo, tendrá siempre la capacidad de comprender a su ofensor y de perdonarlo.

El ofensor y el ofendido ligados por una historia común

Estamos convencidos de que, si el ofensor se ha reconciliado consigo mismo, influenciará con su calma y su paz interior al eventual perdonador. Expliquemos esto: el ofensor y el ofendido están ligados por una historia común a partir de un acontecimiento desdichado. Quieran o no, se ha establecido entre ellos una dinámica misteriosa. Comparten la ofensa. Aunque con títulos diversos, están imbricados uno en el otro por un mal común.

Unos bandidos entraron en la casa de una joven mujer; la violentaron y la robaron. La mujer quedó discapacitada y ciega. Aunque no los conocía, se puso a orar por sus asaltantes y por su conversión. Sentía que un profundo lazo existía entre ellos.

Como el ofensor y el ofendido están unidos en una misma aventura, cuando uno cambia, el otro también está llamado a cambiar. Es por eso que creemos firmemente que el ofensor arrepentido que se transformó pidiendo perdón incitará por lo mismo al ofendido a entrar en un proceso de perdón. No creemos en lo imperdonable y estamos convencidos de que siempre hay lugar para el perdón.

Ejercicio

Si ocurriera que su víctima le negara el perdón, tenga el coraje de continuar el diálogo y de preguntarle las razones de su negativa. Si el ofendido no desea revelarlas, es importante no insistir en este caso. Pero si, por el contrario, éste manifiesta alguna intención de hablar de ellas, aproveche la ocasión para escucharlo.

El perdonador eventual podría invocar algunos de los siguientes motivos:

- No te quiero perdonar porque no tengo interés en vivir una relación patológica contigo.
- Quiero evitar padecer de nuevo el sufrimiento que pasé contigo.
- Deseo salvaguardar mi intimidad.
- Tengo miedo de que comiences otra vez con lo mismo.
- Deseo tomarme la revancha y dominar la situación.
- No quiero vivir más íntimamente contigo pues me sigo sintiendo vulnerable y perdedor.
- Me siento superior cuando no te perdono.
- Es una costumbre de familia no perdonar jamás cuando nos han traicionado.

Si usted prosigue el diálogo con el ofendido en el respeto mutuo, tendrá una chance de crear un clima favorable a la reconciliación. Recuerde a aquel o aquella que ha ofendido el trabajo de crecimiento que ha efectuado sobre usted mismo y que sigue cumpliendo. No deje de señalar de nuevo que una vez concedido el perdón no es necesario mantener el lazo que los unía antes de la ofensa.

Etapa 9: celebrar su pedido de perdón sin humillarse

*Un progreso humano que se realiza
pero no es nombrado, reconocido y celebrado
tiende a pasar desapercibido y, luego, a desaparecer.*
ANÓNIMO

El alpinista apenas llegado a la cima de la montaña que acaba de escalar se pone a contemplar el paisaje que se extiende a sus pies. Los campos verdes bien cuadriculados, los arroyos, semejantes a pequeños hilos de plata, el peñasco enmarañado... Goza del aire puro y del espectáculo grandioso; ya se olvidó de su cansancio y sus dificultades. No se acuerda más de las subidas abruptas, de los arbustos enredados, de los relieves accidentados, de sus manos raspadas y de su rostro arañado. Orgulloso de su logro, admira el panorama. Como este alpinista, tú puedes estar orgulloso del camino recorrido hasta tu pedido de perdón.

Al principio de todo, te hubiera gustado simplemente olvidar tu falta, negarla, pasarla por alto, convencerte de que no era tan grave... pero la vergüenza y la culpa te perseguían como "la mirada de Dios" perseguía a Caín.

Luego recapacitaste. No quisiste dejar que el remordimiento te atormentara. A pesar de tus reticencias interiores, a pesar de tu orgullo, tu vergüenza, el riesgo de arruinar tu reputación, tu miedo a aislarte y a perder tu dignidad, aceptaste revelarte a ti mismo el daño realizado por ti.

Fin de los remordimientos ensordecedores y atenazadores: ya estás lamentando tu falta. El arrepentimiento ha reemplazado la angustia estéril con una serenidad fecunda. Has vencido tus miedos que no tienen razón de ser. Has experimentado un vivo pesar y un deseo profundo de poner orden en tu vida.

No te conformas con un pesar superficial por tu mala acción; te has propuesto arrancar su raíz profunda; has tomado conciencia del grado extremo de tu obsesión de ser descubierto escabulléndote. Y con la ayuda de un acompañante, has visitado tu lado oscuro, bien secreto y agazapado en el fondo de ti. A pesar de la confusión que sientes, has echado luz a tu sombra, fuente solapada de tus malas acciones y de tu inclinación por el mal. A pesar de tu desagrado, has tenido el valor de mirarla bien de frente. Al contrario de tu yo aparente y social que estabas exhibiendo, te sentías confundido e intrigado ante la idea de mostrar ese lado de ti inmaduro y maleducado.

Al dejar de combatir tu sombra, por primera vez la amaste, más allá de su aspecto salvaje. La has acogido en ti; le has hecho un lugar en tu vida, a pesar del miedo de que te dé vergüenza. Poco a poco, la has domesticado. Escondida en la mazmorra del inconsciente, no dejaba de atormentarte de tantas ganas que tenía de manifestarse. Fin de las obsesiones de agresividad, de sexo, de droga y de alcoholismo, de dominación por la humillación; fin de todas las perversidades que te arrastraban al mal. Es el arrepentimiento de ser, la conversión que te invade y te permite no volver a caer en el mal.

Has descubierto que todas tus obsesiones provenían de las heridas de tu infancia. Tu niño interior, esperando satisfacer una necesidad legítima, ha sido regañado. Ha optado por sobrevivir tomando un camino tortuoso y desviado. Constataste la evidencia de que debías reeducarte, aceptarte herido y perdonarle por haber tomado una orientación desdichada. Gracias a la intervención de tu Sí, tomaste la decisión de perdonarlo. Y a cambio, has podido aliviar tu inclinación por las obsesiones y vivir una vida más armoniosa.

Desembarazado de tus obsesiones que han hecho zozobrar tu vida, gozas en adelante de una libertad interior. Descubriste la belleza de tu persona; de ahora en más, te estimas. Has dejado de identificarte con tu falta; por el contrario, reconoces tus recursos interiores que te permiten vivir mejor contigo mismo y con los demás. Estás seguro de que tu pedido de perdón no está hecho a la ligera; el trabajo interior que has realizado sobre ti da garantías a tu ofendido de tu sinceridad.

Te ha llegado el momento de la verdad. Has elegido confesar tu falta al ofendido. Lo has hecho con toda la quietud y la calma de tu corazón. Te preparaste para recibir este perdón, aún si el ofendido no estaba quizás dispuesto a otorgártelo. La bala está ahora en su campo. Te dispones a esperar y a tener paciencia para conseguir ese perdón.

Si te negara su perdón, no estarías desconcertado porque, con la ayuda del Sí, ya te has perdonado a ti mismo. En la medida de lo posible, has decidido continuar el diálogo con el ofendido hasta que te diga los motivos de su negativa. Si llegara a tener una falsa noción del perdón, podrías rectificarlo. Así, si pensaba que perdonar significa "volver como antes", le aclararías las cosas al respecto.

Si te concediera el perdón y quisiera reconciliarse contigo, regocíjate y celebra la reconciliación. Dile sobre qué bases deseas rehacer el lazo de amistad o de amor con él. Cuéntale entonces los cambios realizados en ti y exprésale tus expectativas ante la nueva relación.

Si el ofendido se niega a perdonarte y no piensa establecer una relación nueva contigo, acepta tu impotencia para cambiarlo. Sin embargo, en razón de la falta pasada, un lazo misterioso sigue tejido entre ambos. Tú puedes influenciarlo de una manera sutil mediante la oración. Ora para que sea feliz y envíale energías curadoras y amantes.

Tras haber subido hasta la cima de la montaña del pedido de perdón, tienes razón en estar orgulloso de ti.

Puedes felicitarte.

Puedes celebrar tu nueva etapa de crecimiento.

¡Puedes cantar cuán "dichosa es la falta" que te ha hecho realizar semejante recorrido!

Has crecido en humildad, en compasión por ti mismo y por los demás, en amor, en humanidad y en santidad.

¡Felicitaciones!

TERCERA PARTE

ACTUALIDAD DEL PEDIDO DE PERDÓN

7

Actualidad del pedido de perdón

Los pedidos de un perdón colectivo se multiplican

Los pedidos de perdón no se limitan a los individuos sino que existen también en el seno de comunidades que piden un perdón colectivo.

Algunos ejemplos

Tras numerosos recuerdos de desgracias comunitarias, los pedidos de perdón colectivo tienden a multiplicarse. He aquí algunos ejemplos. A principios de los años noventa, los obispos de Quebec pidieron perdón a las mujeres de dicha provincia por haber obstruido su reivindicación al derecho de voto. En el curso de una peregrinación al lago Sainte-Anne, en el Oeste canadiense, el 24 de julio de 1991, los Padres provinciales Oblatos pidieron perdón a los nativos por haber contribuido a la extinción de su cultura a través de la educación dispensada en los pensionados indios. En el curso del año 1992, el rey de España, Juan Carlos, solicitó el perdón de la comunidad judía por haber instituido la Inquisición y expulsado a los judíos de España, acontecimiento que se remontaba a quinientos años atrás. El mismo año, en Estados Unidos, el alcalde de Salem organizó una ceremonia expiatoria con el fin de desmentir las acusaciones contra las brujas de Salem y condenar las torturas que éstas habían padecido. En 1994, en Japón, el primer ministro Murayama pidió perdón por los horrores cometidos por los soldados japoneses en el continente asiático en el curso de la Segunda Guerra Mundial (noticia publicada en *Time* 144/9, agosto de 1994, p. 26). En el mes de agosto de 2004, después del *New York Times*, el *Washington Post* hace su *mea culpa* "por haber faltado de objetividad y haber hablado bien de la administración Bush en la guerra en Irak" (*Le Devoir*, 13 de agosto de 2004).

Comisión para la verdad y la reconciliación

Entre los pedidos espectaculares de perdón colectivo, es importante indicar, entre otros, los que fueron creados y organizados por la Comisión para la Verdad y la Reconciliación en Sudáfrica. Tras la abolición del *apartheid* en 1995, Nelson Mandela designó al arzobispo Desmond Tutu presidente de esta comisión. Ésta tuvo por misión realizar un censo de todas las violaciones a los derechos de la persona cometidas en el curso de los 46 años de *apartheid* e instituir una reconciliación nacional. Para cumplir con su misión, la Comisión organizó, en diversas regiones, encuentros entre los verdugos y sus víctimas. Perseguía así un doble objetivo:
- Brindar a las víctimas una primera ocasión de poder denunciar en público los sufrimientos padecidos;
- Dar a los verdugos la posibilidad de reconocer la maldad de sus actos, lamentarlos y pedir perdón por ellos a sus víctimas.

Si los verdugos confesaban todo, se les concedía la amnistía en la mayor parte de los casos. Para Desmond Tutu, esta negociación era el precio que se debía pagar para efectuar una transición pacífica hacia la adquisición de una mentalidad democrática: "No había ninguna otra posibilidad de conseguirlo, afirmaba, sin otorgar una amnistía; no hubiera habido una nueva Sudáfrica y el país estaría en llamas..."

Los gestos de amnistía han permitido a algunas personas dejar de guardar sus crímenes en el anonimato, conocerse y recuperar su dignidad. Otros, sin embargo, como el ex presidente del estado sudafricano Pieter Willem Botha, se han negado a confesar sus crímenes. A pesar de los esfuerzos pacientes y prudentes de Desmond Tutu y las atenciones respetuosas de Nelson Mandela, estas personas no veían razón alguna para pedir perdón por lo que fuera.

Desde hace algunos años, las comisiones de la verdad se multiplican, sobre todo en los países en vías de democratización. Estas comisiones investigan y catalogan los crímenes cometidos, sin por ello imponer sanciones a los criminales arrepentidos. Favorecen no sólo la obtención de una promesa de amnistía, sino también el reconocimiento público de injusticias admitidas o no admitidas. Por lo demás, se posicionan de modo de no reemplazar a la justicia.

Varios pedidos de perdón por la *Shoa*

Fue a través de su presidente, Alexandre Kwasniewski, como Polonia, en julio de 2001, imploró el perdón de los judíos por la masacre de casi la totalidad de la población judía. El presidente polaco invitaba a sus compatriotas a "mirar la verdad de frente". Declaró: "Hoy, en tanto hombre, ciudadano y presidente de la República Polaca, les pido perdón en mi nombre y en nombre de los polacos cuya conciencia está trastornada por este crimen."

Los habitantes de Jedwabne, por su lado, han boicoteado la ceremonia del recuerdo y se han negado a expresar lamento alguno. Según el alcalde de la ciudad, un pedido de perdón hecho por los residentes del pueblo habría equivalido a un reconocimiento de culpa de pesadas consecuencias. Los judíos hubieran tenido derecho, por ejemplo, a exigir compensaciones materiales.

Hay un monumento, erigido en el emplazamiento de la granja donde los judíos encontraron la muerte, que lleva la siguiente inscripción: "A la memoria de los judíos de Jedwabne y de la región, aquellos hombres, mujeres y niños habitantes de esta tierra asesinados y quemados vivos en este sitio el 10 de julio de 1941." Estas palabras han provocado numerosas reacciones y protestas. Para los judíos, esta inscripción disimula el papel desempeñado por los polacos en la masacre y enmascara la verdad histórica. Algunos polacos, por su parte, se sienten cuestionados; se creó un comité de salvaguarda del honor de Polonia para denunciar "la mentira de los que acusan a los polacos". Un pedido de perdón no deja a nadie indiferente, ya se esté del lado de los ofendidos o del lado de los ofensores.

En la misma vena, recordaremos también cuando el canciller alemán Willy Brandt se arrodilló en el suelo del ex campo nazi de Auschwitz.

En Francia, la enormidad de la *Shoa* provocó una serie de *mea culpa*, no tanto entre los responsables inmediatos de este crimen como en sus sucesores, según se ha podido constatar en ocasión del juicio a Papón. En razón de su silencio, los obispos católicos se han sentido implicados en las *razzias* efectuadas contra los judíos y han hecho un pedido de perdón. Asimismo, políticos, funcionarios, militares, sindicalistas, han pedido perdón por la conducta de sus predecesores bajo el régimen de Vichy.

La Iglesia pide perdón

El pedido de perdón ha revestido una importancia muy particular desde que el entonces Papa Juan Pablo II declarara el año 1999 "Año del perdón" como preparación del Jubileo del año 2000.

En marzo de 2001, el Papa daba el ejemplo pidiendo perdón por las faltas cometidas en dos mil años de catolicismo. Sus pedidos de perdón tomaban en cuenta acontecimientos a la vez pasados y presentes. Su arrepentimiento versaba particularmente sobre la actitud de la Iglesia respecto de los judíos, sobre la Inquisición, sobre las malas acciones de las cruzadas, sobre las conversiones forzadas, sobre las divisiones entre los cristianos así como sobre las faltas cometidas contra la dignidad de la persona humana. Desde entonces, Juan Pablo II solicitó el perdón en múltiples ocasiones, sobre todo durante su visita a los jefes de las Iglesias ortodoxas.

Los obispos norteamericanos piden perdón

El 17 de noviembre de 2002, a continuación de la denuncia de numerosos sacerdotes pedófilos, la Conferencia de obispos católicos norteamericanos emitió un documento titulado "Charter for the Protection of Children and Young People" [*Carta para la protección de los niños y los jóvenes*], en la cual deploraba el sufrimiento y el desasosiego de las víctimas así como también la manera en que algunos obispos habían tratado estos crímenes ignorándolos o guardando silencio. Puede leerse en la introducción: "Como Obispos, reconocemos nuestros errores y nuestra parte en este sufrimiento. Pedimos perdón y aceptamos la responsabilidad de haber fallado a nuestra tarea de proteger a las víctimas y a nuestra gente en el pasado." (Se puede encontrar el documento completo en inglés en el sitio de Internet de la Conferencia de obispos católicos de los Estados Unidos: *www.uscch.org*.)

Interrogantes sobre el valor del perdón colectivo

Este trabajo de la memoria y de pedido de perdón colectivo no deja de suscitar varios interrogantes.

¿El perdón colectivo favorece la confusión sobre cómo compartir las responsabilidades de los crímenes?

A propósito de los pedidos de perdón colectivo de Juan Pablo II, Amos Muzzato, presidente de la comunidad judía, observaba: "Es hora de decir claramente quién hizo qué y cuándo." Asimismo, hay quienes hacen observar que tales pedidos de perdón colectivo no establecen nunca claramente las responsabilidades. Acusan a individuos aislados y no cuestionan directamente la autoridad de la Iglesia, la del magisterio y del Papa.

Edmund Col tuvo una reacción similar ante los pedidos de perdón colectivo por la *Shoa*: "No hay falta colectiva, sino que hay una vergüenza colectiva." Un pedido de perdón colectivo exigiría una falta colectiva. ¡No se puede acusar a todo el pueblo alemán por el genocidio efectuado por los nazis! No es justo, pues, pedir perdón en nombre de toda la nación alemana. Es hacer caer la vergüenza y la culpa sobre toda una colectividad y, eventualmente, comprometerla en procedimientos judiciales contra su voluntad.

¿El jefe de una comunidad puede pedir perdón por los responsables de faltas del pasado?

Ciertamente, el pedido de perdón realizado por el jefe de una colectividad tiene un gran valor simbólico: aquel de sacar del olvido los crímenes cometidos contra un grupo de víctimas. Sin embargo, el que pide perdón colectivo no podrá nunca sustituir a los responsables de los crímenes perpetrados en el pasado. Por ejemplo, el papa Juan Pablo II no podía asumir la responsabilidad de los actos cometidos por los inquisidores o los responsables de la Iglesia en la época de la Inquisición. Por otra parte, el reconocimiento oficial de los perjuicios cometidos por la Iglesia reviste un gran alcance terapéutico para los descendientes de aquellos que han sufrido dichas persecuciones. La confesión pública de los daños cometidos en el pasado por una colectividad restablece la verdad histórica, facilita la apertura de un diálogo con las víctimas o sus descendientes y permite una reconciliación eventual entre grupos y colectividades involucradas.

¿Los pedidos de perdón colectivo serían acaso fuente de injusticias?

Los pedidos de perdón hechos por otras personas que los verdaderos responsables pueden ser fuente de nuevas injusticias respecto de ciertos individuos. Tomemos el caso mencionado más arriba, donde superiores provinciales de los Oblatos han pedido perdón a los amerindios en nombre de los misioneros Oblatos responsables de los pensionados indios. A pesar de la magnanimidad aparente del gesto, es imposible no detectar en él ciertas fallas. En primer lugar, a la vez que hablaban en su nombre, los superiores no habían consultado a los misioneros responsables de los pensionados indios. Además, al pedir perdón, los superiores provinciales, que en su mayoría no habían ido nunca a una misión, se encontraban por este mismo hecho incriminando a los responsables de los pensionados indios por la destrucción de la cultura autóctona. Ahora bien, los misioneros mismos no se sentían culpables en absoluto de tal falta. Sin embargo, se vieron acusados personalmente por el pedido de perdón de sus superiores.

Uno de los superiores provinciales, sensible a las protestas indignadas de los misioneros, redactó un artículo de revista en el que explicaba que el pedido de perdón no equivalía más que a una simple excusa. Pues, continuaba, los misioneros no habían tenido para nada la intención de perjudicar a la cultura india. Las faltas cometidas hacia la cultura amerindia fueron hechas por ignorancia de los datos antropológicos que no conocían en aquella época. Dada su responsabilidad muy mitigada, hubieran quizás aceptado que pidieran disculpas a los amerindios en vez de solicitar un perdón.

No caben dudas de que es evidente el juicio moral de los misioneros Oblatos. La obligación de vigilar de cerca un perdón colectivo, de aportarle todos los matices pertinentes se impone para no herir o acusar indebidamente a inocentes que no han hecho más que cumplir con su deber.

Los pedidos de perdón a una colectividad hechos por individuos

Constatamos que la gente se ve más proclive a pedir perdón por las faltas cometidas para con otros. Ya hemos escrito tales pedidos de perdón individual en la sección dedicada a las confesiones (p. 102). Contentémonos aquí con recordar a título de ejemplo ciertos pedidos de perdón individual.

Políticos que piden perdón en público

A los 77 años, George Wallace reconoció públicamente que se había equivocado en 1963 al oponerse a la integración de los negros en las escuelas y las universidades. Solicitó el perdón a dos negros, Vivian Malone Jones y James Wood, por haberles impedido ingresar en la escuela de los blancos.

El presidente George Bush (padre) reconoció la injusticia que habían padecido los norteamericanos de origen japonés durante la Segunda Guerra Mundial. Por motivos de seguridad nacional, éstos fueron encerrados en campos de concentración. Bush pidió perdón por los sufrimientos injustificados que les fueron infligidos y por los dolorosos recuerdos de Manaar.

"Lo lamento profundamente". Fue con estas palabras como el viernes 11 de diciembre de 1998 Bill Clinton, entonces presidente de los Estados Unidos, pidió perdón a los norteamericanos y a su familia por las explicaciones retorcidas que había dado a propósito de sus aventuras sexuales con la pasante Monica Lewinski.

Durante la campaña para la elección a gobernador de California, Arnold Schwarzenegger, candidato para ese puesto, fue acusado de acoso sexual a mujeres. Con gran habilidad, a la vez que negaba estas acusaciones, pidió perdón a las mujeres que pudo haber ofendido en el pasado. Justificaba su conducta calificándola de juego inocente (*"out of playfullness"*).

Muy recientemente, Richard Clarke, ex consejero de cuatro presidentes norteamericanos, se presentó ante la *National Comition on Terrorist Attacks Upon the United States*. Comenzó su testimonio pidiendo perdón a las familias de las tres mil personas asesinadas en 11 de septiembre de 2001. Reconocía las fallas del sistema antiterrorista, mientras que ninguno de los dirigentes de la Casa Blanca se atrevía a comprometerse y a admitir su responsabilidad en esta catástrofe.
La justicia da un lugar al pedido de perdón

El siglo XXI exige un mayor refinamiento en la aplicación de la justicia en el tratamiento de los prisioneros. En vez de contentarse con castigar a los criminales, se les enseñará a pedir perdón. La justicia no puede perdonar los crímenes de los culpables, no puede sino amnistiarlos, es decir, borrarlos y olvidarlos. Por ejemplo, el Centro del Perdón Nacional (*nationalpardon.org*) ayuda a aquellos y a aquellas que tienen antecedentes penales a hacerlo después de cierto tiempo de buena conducta. Se comprenderá que no se trata de un verdadero perdón, sino más bien de una amnistía. Por otra parte, la justicia puede implementar un dispositivo favorable para el perdón. La verdadera justicia podría ofrecer espacios que permitieran a los ofensores y a las víctimas encontrarse para vivir un proceso de perdón. La justicia contribuiría así a una verdadera humanización de los ofensores y de los ofendidos.

He aquí un ejemplo de esto. En 1974, en Notario, dos adolescentes cometen actos de vandalismo con bienes pertenecientes a 22 víctimas. Con la ayuda de un agente y de representantes de la Iglesia, el juez ordena a los dos adolescentes que se encuentren con cada una de las víctimas y que tomen medidas para indemnizarlas. Este acercamiento agrada a las víctimas y a la colectividad. Señala el inicio de la elaboración de programas de reconciliación o de mediación entre la víctima y el delincuente, en el seno mismo del sistema judicial. Vividas primero en territorio norteamericano, tales experiencias han sido luego ensayadas en Europa, Australia, Nueva Zelanda y Sudáfrica.

Los objetivos a los que se apunta mediante este procedimiento son los de restablecer los lazos entre la víctima, la comunidad y el ofensor, reparar los daños causados por el delincuente o el criminal y evitar a éste que comience nuevamente. Es, pues, un proceso de cura, de perdón y de reparación.

Los programas de justicia reparadora

Los programas de justicia reparadora involucran voluntariamente a la víctima y al autor del acto criminal y, de modo ideal, a los miembros de la colectividad. Los programas más populares son los círculos de pedidos de perdón por parte de los prisioneros, la mediación penal y las conferencias familiares. Según las culturas, la justicia permite la reconciliación de la víctima y del delincuente mediante círculos de determinación de la pena o grupos de discusión.

Condiciones de funcionamiento

Se requieren ciertas condiciones previas, sin embargo, para formar parte de estos programas. El autor del delito debe obligatoriamente reconocer su culpabilidad, aceptar la responsabilidad de sus actos y elegir participar de estas negociaciones. La víctima del acto criminal, por su parte, acepta libremente participar en el programa, sin ninguna presión exterior. Animadores sociales competentes y reconocidos por el sistema judicial los rodean, los sostienen y velan por el buen desarrollo del proceso de reconciliación. Las diversas personas que intervienen, entre las que se cuentan la víctima y el ofensor, colaboran en la búsqueda de soluciones aceptables y satisfactorias para todos.

Ventajas y desventajas de los encuentros entre el ofendido y el ofensor

Algunos psicólogos emiten reservas respecto del encuentro entre el ofensor y el ofendido. Según su opinión, esto contribuye a perpetuar una relación malsana entre dominado y dominador. Por otra parte, nosotros creemos que no hay que precipitar el encuentro de las víctimas y de los verdugos. Hay que dejar a unos y a otros el tiempo necesario para comprometerse en un proceso de crecimiento. Otra condición esencial para estos encuentros es el encuadre de las partes involucradas por medio de personas especializadas y formadas.

Para el ofendido

Con demasiada frecuencia, las víctimas se sienten apartadas del sistema judicial y poco escuchadas. La mediación permitirá a la víctima hacer oír su dolor, su temor, su indignación y las preguntas que se hace a propósito de su ofensor. Es la ocasión que se le presenta para recuperar su dignidad de persona humana constatando que el acto del que ha sido víctima es reconocido por el ofensor y por la sociedad, que puede dar su opinión sobre la pena que se debe imponer y determinar con el ofensor cuál será la reparación. La mediación le permitirá también comprender mejor sus heridas y liberarse de ellas. Es la oportunidad que tiene la víctima para desmitificar a su agresor liberándose de las percepciones imaginarias que se había forjado sobre éste. Gracias a su encuentro con él, la imagen que se hacía va a cambiar, y también sus prejuicios. Descubrirá a una persona con heridas que vive en un entorno material y humano muy distinto del suyo. Una vez que haya podido decirle al ofensor lo que vivió durante la agresión, y si se siente escuchada por él, quizás busque comprenderlo a su vez, incluso perdonarlo, a la vez que lo sigue teniendo por responsable de su mala acción.

El peligro de la mediación sería que la víctima fuera "victimizada" por segunda vez por el ofensor a través de su actitud o por la comunidad si la ofensa padecida no es tomada en cuenta. Algunos psicólogos temen que, si la víctima no es suficientemente sólida, se instale demasiado tiempo en su rol de víctima.

Otro inconveniente sería involucrar a la víctima demasiado pronto en el proceso. Antes de cualquier encuentro con su ofensor, ella deberá reconocer su responsabilidad eventual en el delito, curar su herida, establecer en ella la armonía quebrada y aprender a perdonar al ofensor con la ayuda de sus recursos espirituales. Es necesario asegurarse acerca del estado de su crecimiento psicológico y de sus motivaciones profundas.

Durante un programa de televisión francés, un abogado cuenta el caso de un muchacho. En razón de las dificultades que experimenta viviendo con sus padres, el muchacho decide irse a vivir a lo de un tío al que elige como padre sustituto. Hablan juntos de sexualidad, miran programas eróticos y, una noche en que la tía se queda dormida, el tío sodomiza al muchacho. Unos años después de este acontecimiento, el muchacho habla. El tío reconoce los hechos. Cuando comparece en la corte, el tío reconoce íntegramente los hechos, mira a los jurados con lágrimas en los ojos y pide perdón a la víctima. Después de una deliberación, ¡es sobreseído! Es un drama tanto para el muchacho como para el tío. Para la víctima, es el peor de los desprecios: la justicia no le ha reconocido su estatuto de víctima, se siente manchado dos veces cuando ya había comenzado todo un trabajo de perdón hacia su ofensor. Para el agresor, el trabajo de toma de conciencia, de reconocimiento del mal causado a su sobrino queda reducido a la nada. El tío sobrevive apenas a ese momento, no tiene la impresión de haber podido reparar su ofensa.

La justicia no ha cumplido plenamente con su rol: ¡no castigó el acto!

Para el ofensor

La ventaja de la mediación es ayudar al ofensor a tomar conciencia de la gravedad de su acto, a medir el perjuicio que ha sido causado, a elaborar un plan de resolución de los problemas que lo condujeron a tal comportamiento criminal y, por último, a iniciar una reparación del perjuicio padecido por la víctima. En la mediación, el ofensor toma conciencia de que más allá de los daños materiales causados y de las heridas físicas infligidas, está tratando con una persona. Va a oírla expresar su cólera y su sufrimiento y a constatar que la ha atacado profundamente; a su vez, la víctima es desmitificada. El agresor va a buscar cómo llegó hasta eso y tratará de liberarse de las diversas dependencias (influencia de un grupo, droga, alcohol, etcétera).

Se ganaría haciendo vivir al ofensor las diversas etapas de pedido de perdón: la toma de conciencia personal de su responsabilidad, la gestión de sus emociones de culpa, el perdón a sí mismo, la confesión de sus faltas y el pedido de perdón.

Algunos psicólogos se oponen al encuentro de la víctima y de su ofensor bajo el pretexto de que este último continuaría así dominando a la víctima. Este cara a cara exigiría una larga preparación de ambos para que eviten recaer en una situación de dominante-dominado.

Existe otro inconveniente: es posible que el ofensor realice este procedimiento con el único propósito de obtener una reducción de su pena manipulando el sistema. Habrá que velar porque pueda expresar sus motivaciones profundas y por verificar, en la medida de lo posible, su autenticidad.

La justicia reparadora ofrece posibilidades de crecimiento y de humanización en el caso de ciertos delitos. El juez Paul Bélanger de la Corte de Notario ha constatado el fracaso de la justicia punitiva. Pero su experiencia de la justicia reparadora (Collaborative Justice Project) le hace decir que este tipo de acercamiento produce resultados asombrosos. Además, se constatan menos casos de reincidencia entre los criminales que han tenido la posibilidad de encontrarse con su víctima.

Nos parece necesario, no obstante, brindar una mayor preparación en el plano psicológico tanto para la víctima como para el ofensor. Demasiado rápidamente se apunta a su reconciliación sin respetar las etapas de crecimiento y el ritmo de cura propio de cada uno. Los que están a favor de una justicia reparadora se inspirarán provechosamente en los consejos sugeridos en esta obra en vista a incitar a los criminales a pedir perdón a sus víctimas y, por lo mismo, a rehabilitarse.

Bibliografía

ANCELIN SCHÜTZENBERGER, Anne (1993). *Aïe, mes aïeux!*, París, Épi-La méridienne.

AA.VV, "Le pardon", *Fêtes et Saisons* n°567, agosto-septiembre 2002.

BERNE, Eric (1975). *Des jeux et des hommes*, París, Les Éditions Stock.

BOURDIN, Dominique (1993). "Péché et pardon: quelques ambivalences", en Chauvet, Louis-Marie, y Paul de Clerck (1993). *Le sacrement du pardon entre hier et demain*, París, Desclée.

BRADSHAW, John (1995). *Family Secrets*, Toronto, Bantam Books. En castellano: *Secretos de familia*, España, Ed. Obelisco.

DU ROY, Olivier (1970). *La réciprocité: essai de morale fondamentale*, París, Épi.

ENGEL, Beverly (2001). *The Power of Apology: Healing Steps to Transform all your Relationships*, New York, John Wiley and Sons.

ENRIGHT, Robert, et Joanna NORTH (1998). *Exploring Forgiveness*, Madison, Wisconsin, University of Wisconsin Press.

ESTRADE, Patrick (1990). *Vivre mieux: mode d'emploi*, Saint-Jean de Braye, Dangles.

FAMERY, Sarah (2003). *Arrêter de culpabiliser: être en accord avec soi-même*, París, Éditions d'Organisation.

GUINDON, André (1989). *Le développement moral*, París/ Ottawa, Desclée/Novalis.

IDE, Pascal (1994). *Est-il posible de pardonner?*, París, Éditions Saint-Paul.

LE CONSEIL DES ÉGLISES POUR LA JUSTICE ET LA CRIMINOLOGIE (MAI 1996). *Pour une vraie justice. Options communautaires sûres destinées à réparer le tort causé par la criminalité et à réduire le recours à l'emprisonnement ou la durée des peines d'emprisonnement*, Éditions Le conseil des Églises du Canada.

MAHFOUZ, Nassib, y otros, (1992). *Le pardon*, París, Centurión.

MONBOURQUETTE, Jean (1992). *Comment pardonner?: pardonner pour guérir, guérir pour pardonner*, Ottawa/París, Novalis/Bayard.

MONBOURQUETTE, Jean (1997). *Apprivoiser son ombre: le côté mal-aimé de soi*, Ottawa/París, Novalis/Bayard.

PREJEAN, Sister Helen (1994). *Dead Man Walking: An Eyewitness Account of the Death Penalty in United States*, New York, Vintage Books.

SCHELER, Max (1959). *Le sens de la souffrance*, París, Éditions Montaigne.

STEVENS, John (1971). *Awareness, Exploring, Experimenting, Experiencing*, Moab Utah, Real People.

TAVUCHIS, Nicholas (1991). *Mea Culpa: a Sociology of Apology and Reconciliation*, Stanford, California, Stanford University Press.

Índice

Este libro se terminó de imprimir en
GAMA Producción Gráfica S.R.L.
Zeballos 244 - Avellaneda